U0128629

周利成 著

楷墨留芳

天津 近代名人档案

中国文史出版社

图书在版编目（CIP）数据

楮墨留芳：天津近代名人档案 / 周利成著 . —北
京：中国文史出版社，2022.11
ISBN 978-7-5205-3850-3

Ⅰ.①楮… Ⅱ.①周… Ⅲ.①文化—名人—生平事迹
—天津—近现代 Ⅳ.①K825.4

中国版本图书馆CIP数据核字（2022）第195333号

责任编辑：金 硕

出版发行：中国文史出版社

地 址	北京市海淀区西八里庄路69号	邮编：100142
电 话	010 - 81136606 / 6602 / 6603 / 6642（发行部）	
传 真	010 - 81136655	
印 装	北京温林源印刷有限公司	
经 销	全国新华书店	
开 本	787mm × 1092mm 1/16	
印 张	16.25	
字 数	215千字	
版 次	2023年3月北京第1版	
印 次	2023年3月第1次印刷	
定 价	65.00元	

序

名城离不开名人，一座城市的声名总是与一批彰显文化的社会著名人物的名字紧密相连，这些名字从某种程度上代言了这座城市。天津作为我国一座著名的历史文化名城，也是一座名人辈出的城市。这些名人在广泛的社会活动中形成了大量珍贵的名人档案。

名人档案是指社会著名人物在从事政治、军事、经济、文化、科技、宗教等活动中直接形成的对国家和社会具有保存价值的各种文字、图表、声像等不同形式的历史记录。它不仅是个人的财富，更是经济发展和社会进步的记录和记忆，具有重要的保存和查考利用价值。

名人档案也是国家档案资源的重要组成部分，确保名人档案资料完整、系统与安全，是《档案法》赋予档案工作者的神圣职责。征集名人档案是档案馆征集接收工作的重要组成部分，是加强档案资源建设、丰富馆藏内容、优化馆藏结构的重要举措之一，也是档案事业发展的需要。

天津市档案馆早在1994年就开始了名人档案的征集工作，在近30年中，广泛征集在政治、经济、科技、教育、体育、医学、文艺等方面为本市经济建设和社会发展做出突出贡献的企业家、科学家、艺术家、劳动模范和先进工作者个人档案资料入馆，以铭记功绩，永久保存，昭示后人。先后征集到侯德榜、朱宪彝、俞霭峰、马达、刘子久、马三立、骆玉笙、王玉磬、王毓宝等400余名杰出人物的档案资料，计3万余件。内容涉及其在生活、工作及社会活动中形成的书信、日记、笔记、论文、专著、自传、演讲稿、证书、奖杯、奖章、照片、录音、音像等，真实历史地再现了杰出人才一生的工作业绩和成就。为大力实施人才强国、人才强市战略，营造全社会尊重劳动、尊重知识、尊重人才、尊重创造的良好氛围，2011年1月，天津市档案馆杰出人才馆正式建成。该馆的建成，保护了天津历史的完整，推动和弘扬了民族文化，同时也成为一个重要的爱国主义教育课堂。

征集名人档案不仅可以避免名人档案流失、增加馆藏数量、丰富档案种类、优化馆藏结构、突出馆藏地方特色，也是编史修志、学术研究的可靠资料，更是加强档案文化建设的宝贵资源。名人档案记载了社会著名人物的生平历史、专业成就、社会贡献等方面的内容，反映了各界名人为成就事业而奋斗的历程。这些都是启迪、激励后人的生动教材，具有丰富的档案文化内涵。

多年来，周利成同志与我馆的征集人员积极配合，不辞辛劳，做了大量的征集工作。为成功征集到一位名人的档案，他们常常要跑几次甚至十数次，不仅征集到了名人档案，而且还在征集过程中采访名人，获取可贵的口述、录音、录像档案，并利用这些档案，撰写了一系列名人档案故事，为编辑研究名人档案开了个好头。

档案征集的目的是开发利用，对于名人档案也同样要做好利用工作，充分挖掘名人档案中蕴含的丰富文化资源，增强名人档案的文化辐射功能。要把对名人档案的开发利用放在与征集工作同等重要的地位，充分利用这些珍贵档案，精心研究，编写出高质量、高水平、高品位的文化精品，奉献社会，回报社会。利成同志的这一新作，正是我们档案人回报社会的又一力作。多年来的实践说明，能否最大限度地开发利用名人档案，扩大社会影响，在很大程度上也影响着名人档案征集工作的进程，对做好征集工作具有重要意义。

衷心希望越来越多的社会各界人士认识档案、关注档案、重视档案，让越来越多的名人档案走进档案馆，促进越来越多的名人档案编研成果问世。名人档案工作功在当代，利在千秋！

荣　华

天津市档案局（馆）原局（馆）长

目　录

"中国篮球之父" 董守义

他出生于一个普通的农民家庭，将毕生的精力倾注于钟爱一生的中国体育事业；他从小热爱篮球运动，在旧中国培养出一支中国篮球的"梦之队"——"南开五虎"；他是中国现代奥林匹克运动的奠基人之一，中国的第三位国际奥委会委员，以教练、领队的身份参加了 1936 年、1948 年奥运会；他是新中国第一位国际奥委会委员，作为总指导参加了1952 年赫尔辛基第 15 届奥运

素有"中国篮球之父"美誉的董守义

会，使新中国的五星红旗第一次在奥运会赛场上飘扬；他为我国培养了大批的体育人才，钻研运动技术，撰写了《篮球术》《田径赛术》《最新篮球术》《篮球训练法》《足球术》《国际奥林匹克》等七部体育著作和150 多篇文章。他就是被誉为"中国篮球之父"的董守义。

热爱体育　结缘篮球

董守义，名兴顺，1895年11月20日出生于河北省蠡县的一个贫农家庭。11岁进入郑村小学时，已读过几年《三字经》《百家姓》和《论语》。1907年初，进入保定公理会办的同仁学堂。在这里，他第一次见到了篮球，并深深地爱上了篮球，从此，篮球成为他生命之歌的主旋律。

在一次课外活动中，新来的体育教师把两只没有底的竹筐钉在操场两端的树干上，然后对着一群身着长衫的学生说："同学们，今天我教大家玩一种新游戏——筐球。"他双手持球，从腰前向前上方投出。球不偏不倚地落进竹筐，操场上响起孩子们惊喜的笑声和欢呼声。他要孩子们把长襟掖在腰间，辫子盘在头上，然后教他们拍球、运球、传球……董守义觉得这比兵操好玩多了，他迷上了这新奇的玩意儿。儿时拾柴、打草、爬树、上房的生活给了他健壮的体魄，渐渐地，他的球艺在同仁学堂里有了小小的名气。

1910年初，董守义来到通县协和书院中学部上学，协和有重视音乐和体育的传统。每到下午课后，学生们纷纷走出教室，参加篮球、足球、田径、网球、棒球等各种运动队的锻炼。他的身材、球技和为人，使他一升入大学部就成了校篮球队的队长和中锋。他又是学生体育会委员和足球队的中锋。不久，在北京天坛举行了第二届华北运动会，董守义作为协和篮球队的队长参加了运动会的篮球比赛。1914年5月21日全国第二届联合运动会在天坛开幕，他作为游击手的华北棒球队获得冠军，他作为中锋兼队长的华北足球队获得亚军。四年的学习中，他的球艺和他的个子一样长得很快。他先后担任了体育委员、体育会长和篮球队长。

楷墨留芳——天津近代名人档案

落户津城　立足南开

人生之路就像一根环环相扣的链条，只要其中一个环节发生了变化，人一生的道路也会随之改变。在董守义的人生道路上，张伯苓就曾两次起到了推动作用。董守义从天津基督教青年会的一名普通体育干事，到享誉全国的"中国篮球之父"，最终成为国际奥委会委员，一路走来，诚然是他热爱体育事业和个人不懈努力的结果，但与张伯苓发现、重用和极力推荐也有很大关系。1924年，应张伯苓之邀，董守义在南开大学担任体育指导，培训出一支名震全国的"南开五虎"篮球队；1941年，在重庆召开全国体育协会的董事会议时，在董事长张伯苓的提议下，增聘董守义为筹委会委员兼副总干事，确立了他在中国体育界的领袖地位。

天津是中国开展篮球运动最早的城市。1895年9月，美国人来会理博士受北美青年会的派遣来中国天津筹建城市青年会，同年12月8日天津中华基督教青年会在北洋医学堂（今渤海大楼汽车站址）成立。会前与会后于会所草场围墙后面表演了"筐球"（篮球）游戏，引起了大家的极大兴趣。

大学毕业后，摆在董守义面前的有两条路：一是当传教士，一是从事体育，他选择了后者。应美国篮球运动的创始者奈斯密斯教授的高才生、天津基督教青年会体育干事蔡乐尔之邀，董守义来到了天津青年会体育部。当时，身为该会董事的张伯苓，经常请一些美籍干事到南开学校传授篮球、足球、网球、乒乓球技术，把近代西方体育理念和技巧引入南开。董守义表现出来的高度的工作热情和献身体育的精神立刻吸引了张伯苓。在几次工作接触后，张伯苓开始喜欢上这个小自己近20岁的年轻人，进而萌生了将其招至麾下的想法。于是，在董守义来到青年会不到一个月的时候，南开学校的物理教师兼体育主任章辑五就找上门来，表达了张伯苓校长诚邀他到南开任教的想法。董守义虽刚刚结识张伯苓，尚无深入的个人交往，但对张伯苓却是仰慕已久，深知他对中国体育的卓越贡献，深为他不遗余力地倡导体育的精神而打动，遂欣然接受南开学校之聘。

此后，董守义每天上午10时准时到南开学校领操，每周用三个半天的时间指导学校各种代表队训练。篮球运动在南开有着一种独特的魅力，全校活跃着十几支篮球队。在董守义和章辑五等教师共同指导下，南开学校的篮球水平迅速提高。

1922年天津学校联合运动会中，南开队初露锋芒，连克实力强劲的青年会队、曾获得华北运动会冠军的高等工业学校队、官立中学队以及称雄津门多年的新书学院队、北洋大学队等多支劲旅，一举夺魁。

1929年华北运动会上，南开中学篮球队以南开大学名义参赛，接连战胜山西两个队、冯庸队和北京师范大学队获得冠军。不久南下上海，在相继战胜了沪江大学队、西侨青年会队和美国海军队三支上海冠军队后，又力克从日本全胜归来的菲律宾队，这是中国队首次战胜强大的菲律宾队。南开队为国争光，整个上海沸腾了。"南开五虎"的美名迅速传遍全国。

造就"南开五虎"

20世纪二三十年代，南开中学篮球队先是在华北运动会上问鼎冠军，后因远征上海连克上海三支冠军队和远东宿敌菲律宾队而名声大振，被新闻界冠以"南开五虎"的美名，最终登上全国运动会的最高领奖台，让南开篮球达到顶峰。"南开五虎"的传奇故事影响和激励着一代又一代热爱篮球的中国人。为纪念这段辉煌的历史，南开大学校园的一条路被正式命名为"五虎路"。

在1922年的校际篮球赛中，由祝瀛州、刘鸿恩、邹锡、潘景武、李世珍组成的男子篮球甲队，相继战胜新书学院队、官立中学队、北洋大学队、青年会队夺得冠军。1924年，以南开篮球队为主力组成了华北区篮球队。5月，张伯苓为领队、董守义为指导的华北各项体育代表队参加了第三届全国运动会，华北区篮球队经过几场激战，最后获得冠军。南开篮球由此在全国篮坛崭露头角。

这支篮球队回津后，队员们相继毕业离校，篮球队一时后继乏人。虽仍有南开校队，但因实力薄弱，在比赛中往往是负多胜少。

1925年，南开中学初一年级自发组成一支名为"篓子队"的篮球队。至1927年，该队5名主力队员王锡良、李国琛、魏蓬云、刘建常、唐宝堃，配合默契，技艺娴熟，敢打敢拼，不畏强手，已成为南开学校的一支篮球劲旅。

1929年春季，为了锻炼队伍，这支篮球队以南开大学名义参加了在山西举行的华北运动会，接连战胜山西两个队和冯庸队后，与久负盛名的北京师范大学队在决赛中相遇。

当时，北京师范大学都是体育系学生，实力雄厚，经验丰富。主力队员王玉增、佟复然、李洲、金岩、赵凤珠、金德耀等，都是沙场老将，在来山西太原前，曾败于新起劲旅燕京大学队，但在此次比赛争夺决赛权时，两雄相遇，比赛异常激烈，结果技高一筹的师大队以较大优势获胜，取得决赛权。南开队观看了这场比赛，思想上压力很大，精神上很紧张，弦绷得过紧。决赛前夕，队员们研究应战对策时，打算采用以硬对硬，猛攻猛打，一拼到底的打法。这时董守义看望大家来了，他听了大家的应战策略后连连摇头，冷静且胸有成竹地指出：师大队身高力足，敢于猛打，但速度不快，灵活性较差。采取硬碰硬的打法是以己之短克人之长，是拼不过对方的。应打主动战，以快速、机智、灵活善变来打乱对方的阵脚，打乱他们的部署，使其被动，出奇制胜。董守义的一番入情入理的高论，让南开队员顿开茅塞，解除了顾虑，消除了紧张，增添了必

1930年第650期《图画时报》中董守义和运动员合影

胜的信心。

决赛一开始，南开队按照董守义布置的战术，先发制人，得球后，以短传配合，迅速突破对方防守，近篮得分。在全场比赛中，南开队发挥了快、准、巧、狠的特点，攻有面，守有位，投有点，攻守结合的打法，极少失误，使对方很快处于被动，比赛始终按照南开的节奏进行。最终，南开队以13分优势，如愿以偿地获得了大学组冠军。

南开篮球队自太原胜利归来，受到全校师生的热烈欢迎，校长张伯苓先生亲自接见了队员。他说，大家平日艰苦的付出今天终于取得了良好的回报，你们为南开争了光，南开全体师生感谢你们！但我们仍要清醒地看到我们的不足，尤其不能自满，要认真总结经验，继续苦练，继续前进，随时准备迎接新的挑战。最后他宣布了一个决定，正式聘请董守义担任南开学校的篮球教练。他说，通过这次比赛，我们明白了一个道理：一个运动员或一支球队，在勤学苦练、用心钻研的同时，还必须有精通技术、富有比赛经验的教练，指导平时训练、指挥现场比赛。今天南开队获胜，队员们尤其是5名主力球员付出了很大的汗水，但董守义先生的临场指导和高明策略也是至关重要的。

从此，董守义每周一、三、五下午来校辅导，每遇比赛更要亲临指导。在短时间内，南开篮球队在技术上、作风上又有了新的提高。不久，南开篮球队接到上海体育协会和上海南开校友会的来函，邀请南开队去沪与上海三支篮球冠军队进行三场友谊赛。在校长张伯苓率领下，以董守义任技术指导的南开篮球队一行12人远征上海。

这次迎战的上海沪江大学队、西侨青年会篮球队（海贼队）和美国海军陆战队篮球队，都曾在上海篮球赛中获得冠军，被誉为"上海三强"。而名不见经传的南开队初到上海，并没有引起人们的注意，练球没人看，记者没采访。每个队员心里都憋了一口气，一定要打好每一场比赛，让人们一睹南开篮球的风采。

首战的沪江大学队，拥有善于在篮下左右侧定点极准的中锋何通，速度快、步伐灵活的左锋梁国权，体力好、擅长全攻全守的温鼎新。他们虽然个人技术都很好，但却有不善配合的缺点。为此，董守义教练布置了"五人联防严密，盯死何通，控制他的两个投球点；全力抢篮板，发动快攻；专打对方弱点、专攻对方漏洞"的战术。但比赛开始后，由于南开队场地和灯光都不适应，失误较多，双方比分交替上升，上半场以平分收场。下半场开始后，双方竞争更加激烈，终场前两分钟，双方仍为平局。这时，董守义叫了暂停，他对队员说，依你们的实力完全可以战胜对手，只是你们现在打得太紧，只要你们冷静沉着，定会取得胜利。比赛继续进行，南开队迅速发动快攻，切到篮下的唐宝堃得球后投中两分。对方忙中出错，被南开后卫断球，随着魏蓬云打板进筐，结束比赛的锣声敲响了。南开队以4分涉险过关。

第二个对手西青队，是上海欧美人士青年会组成的篮球代表队，队员中前锋司凯尔和中锋史密司是队中灵魂，二人身材不高，但机智灵活，投篮准确，全队配合，攻守有方。与南开一役打出了水平，上半场西青队以4分领先。中场休息时，董守义指导加强联防，采取防中求变、防守快攻、加强突破的打法。下半场，南开队打得线路清楚，配合娴熟，屡屡得分。双方的精湛技艺和激烈场面不时博得观众的惊呼称赞声。最终南开队以6分优势转败为胜。

第三战时，连胜两场的南开队声名鹊起，观众纷纷购票观战。对手海军陆战队篮球队，素以身高体壮、作风硬朗著称。南开队针对其勇猛有余、灵活不足的特点，采取快速多变的战术，彻底打乱了对方战术，遂以大比分获胜。

比赛结束后，正值菲律宾圣提托马斯大学冠军队在日本全胜回国路过上海。经上海体协邀请，与南开进行了一场友谊赛。这个消息传出后，轰动了上海球迷，报纸也大力宣传。比赛前三小时，整个体育馆已是座无虚席，球场门口已被挤得水泄不通，运动员只得从窗户跳进去。但进场后，比赛场地里也挤满了观众，运动员竟无法进行比赛。经场内工作人员和裁判员疏导后比赛才得以进行。

比赛一开始，双方就进入僵持局面，你来我往，展开一场拉锯战。由于防守成功，双方上半场都只得了十几分，以平局进入中场休息。校长来到休息室鼓励队员说，上半场大家共同奋战，没让对方占到便宜，打出了南开的水平。下半场应该少失误，减少犯规，加强配合，加强进攻。最后的胜利一定是属于我们南开的！

比赛重新开始后，菲律宾队发挥速度快、弹跳好的特点，加强中距离投篮；而南开队则抓住对手防守漏洞，打出许多漂亮的配合，让对手防不胜防。南开队终以4分优势战胜对手。

比赛结束的锣声一响，观众呼啦一下子冲进场内，把南开5名主力高高举起，抛向空中。称赞他们为上海人争了光，为国争了光。南开队连胜四个篮球劲旅，声名大震。"南开五虎"的美名传遍了上海，传遍了全国。

1929年冬季，南开篮球队应东北之邀，赴大连、沈阳参加友谊赛。在大连，4天内打了三场比赛。对手全都是日本队，南开队大获全胜。比赛期间，有4名日本人坐在记分桌旁，专心致志地观察着南开队员的技术动作、战术特点，边看边记，非常用心。当时大家都以为他们是日本记者，后来才知道，他们是从日本专程赶来刺探南开篮球实力的篮球专家，特为来年在日本举行的远东运动会做准备。

稍后在沈阳，南开队力克同泽中学、东北大学和冯庸大学队。以不败战绩结束了东北之行。

1930年4月，第四届全运会在杭州举行，以南开五虎为主力的天津队一路过关斩将，以全胜的战绩登上了全国冠军的领奖台。

同年以南开五虎为主力的中国篮球队出征在日本举行的第九届远东运动会。由于曾先后负于南开五虎的菲律宾队和日本队都认真总结了失败的教训，研究出对付南开队的策略。所以，准备不足的中国队接连失利，先后惨败给了这两支宿敌。

回国后，随着五虎队员毕业后离校，南开中学篮球队走入低谷，但南开大学今天的"五虎路"，却见证了南开篮球队昔日的辉煌。

出国深造　学成回国

1917年，董守义担任中国篮球队队长、前锋，第一次参加在日本东京举行的第三届远东运动会篮球比赛。1923年春，董守义任中国篮球代表队指导，参加在日本大阪举行的第六届远东运动会。同年10月又赴美国麻省斯普林菲尔德市的春田学院留学，专攻篮球，是我国第一位篮球留学生。在春田学院的700个紧张的日日夜夜，他以自己的勤奋和才能，证明了黄皮肤的中国人并不天生就是"东亚病夫"。他是美国中部青年夏令营体训班网球比赛双打冠军之一，又是棒球赛的冠军成员之一。作为春田学院网球队队长，他夺得过美国东部青年会夏令营网球比赛的单打和双打冠军。他同时又是春田学院橄榄球代表队的中锋。校方对他极为赏识，学习结束后，学院为他安排好了工作和住房，极力挽留他在学院工作。但董守义并没有留恋美国富裕的物质生活和良好的工作条件。两年

1936年，中华全国体育协进会成员在上海的合影

楮墨留芳——天津近代名人档案

的留学生活使他深深感到，中国人并不缺乏运动的天赋，所缺乏的是练习的机会和组织，自己应该为此效力。1925年7月，他毅然回到天津，担任了青年会体育部主任。董守义返津以后，时任全国体协董事长的张伯苓立即找到他，再次聘请他为南开学校的体育指导，义务指导南开学生的课外活动。

中国第三位奥委会委员

早在1908年，张伯苓就曾呼吁中国要加入奥运会，但对当时积贫积弱的中国，这无疑是天方夜谭。1932年，在张伯苓和董守义的共同努力下，中国派出一名运动员和一名教练员参加了第10届奥运会，实现了中国人进入奥运会的第一次。1936年，董守义作为中国代表团篮球队教练参加在柏林举行的第11届奥运会，运动会期间，他代表中国参加了国际篮球协会会议并被推选为国际篮球裁判会会员，考察了15个国家的体育。

"七七事变"后，中华全国体育协进会总干事沈嗣良因须留沪主持圣约翰大学校务，未能随该会内迁重庆，一时该会主要的日常无人负责，几近停滞。1941年，张伯苓主持召开了中华全国体育协进会会议，张伯苓历陈现实严峻，必须专聘"热心体育，全力投入"之士竭力维持，遂力荐董守义加入。后经议决，增聘时在西北联合大学、西北师范学院体育系任教的董守义为委员，担任协会副总干事，负责拟订该会战时工作计划。此后，张伯苓、董守义并肩作战，多方筹集经费，率领着该会会员，主办全国巡回辅导团，指导成立各地分会，会同重庆体协推行各种社会体育活动，编印中华体育通讯，审订各项运动规则，协助各机关办理体育比赛，会同策动体育事业等推动全国体育发展的重要工作。董守义更是往来于重庆与兰州之间做起生意，并和布云工厂经理刘晴波发起组织了中华体育用品公司。正是张伯苓、董守义等在艰苦条件下的执着追求，才使中

1935年，河北省第三次体育委员会在天津教育厅举行会议，通过了19项议案。图为委员会全体合影。右起前排：袁敦礼、张伯苓、陈筱庄、李金藻、董守义、赵文藻；后排：张宣、董怡如、刘福育、殷伯西、许毅（另一人不详）

华全国体育协进会在这特殊的8年里得以留存和发展。

　　1945年任国民体育委员会常委后，在张伯苓的支持下，董守义草拟的《请求第15届奥运会在中国举行案》，在中华全国体育协进会第二届监理事会议上获得通过，这是中国人第一次提出申办奥运会。但鉴于旧中国当时的特殊历史条件，这一草案最终沦为一纸空文。1947年6月18日至20日，董守义出席了在斯德哥尔摩举行的国际奥委会第40次会议。凭着他对中国体育的突出贡献和对世界体育的不懈追求，董守义成为继王正廷、孔祥熙之后，中国的第三位国际奥委会委员。回国后，他为筹募参加第14届奥委会的经费，往返沪、宁之间25次，费尽周折总算解决了大部分所需要的款项。

　　1948年7月董守义作为中国代表团总干事参加了在英国伦敦举行的第14届奥运会。中国代表团因付不起较高的房租，改住一所小学内，是当时唯一不住在奥运村的代表团，比赛结果中国代表团全军覆灭。回国的路费都成了问题，向政府要，教育部复电：请代表团自己解决。总领队王正廷、总干事董守义四方筹借才使中国代表团离开了伦敦。奥运会结束后，中国足球队途中又在曼谷打了五场比赛，以门票收入充抵旅费。董守义取道美国回国。在旧金山，他见到了在加州大学担任棒球队指导的老朋友金门。面对老朋友的盛情接待和关心，董守义却是阴云密布。对往事的回忆更勾起无限的惆怅。自己为中国的体育事业奔波劳累了30多年，也算是费尽心机，鞠躬尽瘁了。看到的却是达官贵人们的尔虞我诈，忙着"五子登科"，谁肯关心国计民生，扶持体育的发展？举目远眺，国内战火四起，百姓怨声载道。真是国民党不亡天理不容！令人痛心的是运动场内外的倾轧愈演愈烈，中国在国际体坛上的地位江河日下。想起自己早年要让中华健儿扬威于世界体坛的夙愿，他不禁摇头苦笑。那个愿望似乎越来越像一个不可能实现的神话了。想到这里，他忍不住潸然泪下：中国，你的希望在何方？体育的出路在哪里？

新中国第一位奥委会委员

1949年5月3日解放军开进杭州城，暂住杭州的董守义异常兴奋，彻夜难眠。1949年10月董守义筹备杭州运动会并担任裁判工作。他惊异地看到那么多普通工人和农民参加运动会，他对新中国的体育事业充满希望和信心。

1950年3月董守义应西北师范学院之邀赶赴兰州在体育系任教。在此期间他应邀担任中国人民解放军第四军运动会顾问，协助第四军举办全军运动会。

1951年3月，第15届奥运会的主办国芬兰曾向新中国的外交部表示，希望新中国能派选手参加。中华全国体育总会积极筹备参赛。1952年5月26日，经周总理指示，由教育部出面将董守义调来北京，与中华全国体育总会副秘书长黄中等商议有关中国参加第15届奥运会和第47届国际奥委会会议事宜。全国体育总会筹委会委员熊斗寅到机场迎接，只见董守义头发虽已花白，但腰杆挺直、面色红润，一身棕黑色中山装，神采奕奕。熊斗寅把董守义安排在王府井关东店团中央招待所。那里原是一座清代王府，前后有好几个宽敞的大四合院，室内却是现代陈设，还有卫生设备。

"他的到来，对我们而言，可真是雪中送炭。"熊斗寅后来回忆说。董守义住进招待所的第二天起，熊斗寅就又多了一项工作。他几乎每天下午都跑去请教，上午的时间则留给董老休息和备课。从董守义热情而耐心的讲解中，熊斗寅第一次知道了古代和现代奥林匹克的历史，知道了奥林匹克宪章……而董守义随身带来的一本名为《国际奥林匹克》的专著，更是让他受益匪浅。

而最令熊斗寅兴奋的是，眼前这位老人提供了外交部和体总方面最渴望了解到的情况，因为他亲身参加过国际奥委会的年会以及1936年和1948年的两届奥运会。熊斗寅对董守义敬佩不已。

同年7月23日深夜，周总理在中南海接见了中国体育代表团荣高棠、黄中、董守义等人。总理嘱咐了很多，让代表团不要担心台湾方面，说就算台湾运动员也启程，他们从马尼拉出发，已不如我们取道苏联来得近便，肯定是我们先到；总理还细心地提醒代表团要提早备下国旗和国歌唱片，因为新中国成立不久，主办方未必能有准备……总理最后的一句是："总之，重要的不在于是否能取得奖牌，在奥运会升起五星红旗，就是胜利。"

24日凌晨，中国的奥运会代表团分乘的三架飞机从北京的西郊机场起飞了。头一架飞机上以足球队为主：队员马韶华、王政文、汪礼宾、何家统、丛安庆、李逢春、陈成达、张杰、李朝贵、方纫秋、孙福成、郭鸿宾、金龙湖、郑德耀、张邦伦，领队李凤楼。第二架飞机上坐着团长荣高棠，副团长黄中、吴学谦，总指挥董守义，总务许庆善，干事郝克强，医生刘明时，游泳选手吴传玉，还有翻译程镇球、王裕禄、康维，以及后来成为国际奥委会副主席的何振

楮墨留芳——天津近代名人档案

梁，当时是代表团的法语翻译。第三架飞机上都是篮球运动员。领队是赫赫有名的"南开五虎"之一牟作云，队员张长禄、周宝恩、陈文斌、卢鼎厚、王元祺、李议亭、程世春、田福海、张先烈、白金申。

但是，由于小飞机需要加油，遇到紧急情况又得迫降，一路飞，一路停。直到7月29日上午11时，代表团才抵达赫尔辛基机场。因为此前台湾代表团的郝更生曾说，董守义已经失踪多日，不可能前来参加奥运会，这次来的是用面貌相似的人冒名顶替，掩人耳目！故而，当董守义刚刚走下飞机时，一位熟悉他的英国籍奥委会委员挤到董守义面前，说了句："先生，请原谅我的无礼。"手一伸，就伸进董守义的衣服里。正当董守义莫名惊愕时，这位英国籍的委员却乐起来："没错，这是真正的董守义先生。"原来，他知道董守义的腋下有一颗豆粒大小的红痣，结果就发生了刚才的那一幕。说明事情原委后，他二人紧紧地拥抱在了一起。

新中国的五星红旗伴随着雄壮有力的中国国歌冉冉地在奥运村的上空升起。这是新中国的五星红旗承载着近5亿中国人的梦想，第一次出现在奥林匹克的殿堂里。仰望高高飘扬的五星红旗，董守义再也抑制不住内心的激动，两行热泪夺眶而出，此时此刻，他想起了以往参加奥运会的情景，想起了自己奋斗了大半生的体育事业，想起了周总理说的话，你们能冲破国际上某些人的阻挠去参加奥运会，能把五星红旗插到奥运会上就是胜利！

仪式上，荣高棠做了简短发言。面对周围的记者、国际友人和奥组委官员，他的话铿锵有力："虽然我们来迟了，但我们终究来到了，我们带来的是和平的愿望与良好的友情。"

中国代表团抵达的消息在当时引起不小轰动。记者们在文章中铺撒了大把的惊叹号。芬兰最大一家报纸报道此事所用标题是"中国选手赶来参加已结束的奥运会"。台湾的郝更生也曾在回忆文章里提及这个题目，他认为这是芬兰报纸对新中国代表团的讽刺。但从另外一个角度看，这字里行间又何尝不是芬兰人对新中国运动员"重在参与"的奥林匹克精神的惊叹！

然而，比赛的确已近尾声，足球、篮球都错过了参加预赛的时机。只有游泳选手吴传玉能够赶上将于30日进行的100米仰泳预赛。尽管他因晕机和时差问题，仅以1分12秒3的成绩名列小组赛第五而没能进入复赛，但这却是新中国的选手在奥运会历史上留下的第一个比赛成绩。

7月31日，中国代表团举行了记者招待会，董守义发言说，只有在新中国，政府才真正重视发展体育运动，重视国民健康。8月9日荣高棠、董守义向周总理做了汇报。总理充分肯定了赫尔辛基之行的重大意义。

1952年11月中旬，中华全国体育总会调董守义到北京体总和国家体委工作。从1952年到1956年，董守义参与筹备和组织大型运动会13个，在各种报刊上发表文章29篇，指出了当时体育事业中存在的一些问题，表达了一个老体育工作者对新中国体育事业的设想和希望。1954年上半年董守义当选为体总副主席，并先后为全国政协第二、四、五届委员。1955年6月与国家体委副主任、中国奥委会副主席兼秘书长荣高棠等一行六人飞抵巴黎参加国际奥委会第50届会议。1957年初，国家体委运动技术委员会主任王任山和董守义开始研究和编纂《中国体育史》。

1957年3月5日，在中国人民政治协商会议第二届会议上，董守义在发言中说道："我是一个体育工作者，从事体育工作已有40年的历史。几年来，我亲眼看到我国体育运动蓬蓬勃勃的情况，感到十分快慰。在这个伟大时代里，我能在体育事业方面贡献绵薄之力以终其身，更觉得非常荣幸！"在谈到编纂《中国体育史》工作时，他阐述了"编著《中国体育史》的目的和重要性"，说明了"进行这项工作的具体措施"，明确了完成这项工作的5年时间表。此后，董守义还组织召开了专门会议，制定了编纂《中国体育史》工作的五年规划，掀起了新中国研究中国体育史的第一次高潮。尽管这一规划因故中辍，但这一时期保留下来的有关图书、资料和文物，为今后的中国体育史研究工作奠定了史料基础。

总理关怀　献身体育

1956年1月底到2月初，国际奥委会第51届会议在意大利科蒂纳举行，董守义等在会上会下积极工作，广泛接触了国际奥委会委员，新中国的体育成就引起了普遍的注意。

1956年11月，董守义参加在墨尔本举行的国际奥委会会议。会上董守义与企图制造两个中国的阴谋进行了针锋相对的斗争，阐述了中国奥委会的原则立场，为维护国家和民族利益进行了坚决斗争；会下与奥委会委员、台湾体育界的老朋友进行了广泛接触，介绍了新中国体育事业蓬勃发展的大好形势。针对国际奥委会在少数人的控制下采取敌视中国的态度，执意制造两个中国或一中一台的局面，1958年8月19日，董守义在给当时国际奥委会主席艾弗里·布伦戴奇的信中声明："今天……奥林匹克精神已经被践踏。为了维护奥林匹克的精神和传统，我正

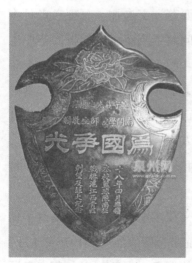
"中国篮球之父"银盾，南开学校师生赠送董守义的纪念品

式声明拒绝同你合作，拒绝同你把持的国际奥委会发生联系。"他宣布辞去国际奥委会委员的职务。从1947年6月到1958年6月整整12年的国际奥委会委员生涯结束了。作为一个亲历中国体育今昔剧变

的老体育工作者，在他所代表的国家和他本人受到不公平对待时，他只能做出辞职——这是唯一的选择。当年共和国最高体育负责人、国务院副总理兼国家体委主任贺龙元帅曾这样评价他在任国际奥委会委员期间的表现："董先生参加几次国际奥委会会议，表现很好，是站在社会主义国家立场发言的。"

1959年、1965年，董守义参加了第一、二届全国运动会的筹备工作。1959年夏天，董守义开始系统整理体育史的资料，不到半年，仅关于各种体育事件的记录就写了10万多字。1961年担任国家体委运动司副司长和全国武协主席职务。

1973年3月董守义重新担任了国家体委运动司副司长之职，他开始频繁地出现在迎送各国和港澳体育代表团的仪式或观看比赛的赛场上。8月初的一天，周总理在接见由日本参议院院长河野谦三先生率领的日本体育协会代表团时指示要董守义参加。总理送走日本客人，问候了董守义的健康之后，又问起了当年南开学校的毕业生郭毓彬、黄春谷、张彭春等人的情况。他回过头来问："董先生今年高寿？"董守义回答已经78岁了，总理扬起眉毛惊异地说："真的吗？真看不出来，董先生比1月份见面时看起来气色好多了。"他叮嘱董守义要保重身体，又对体委领导人说："当年我在南开读书时，董守义先生就在南开工作了，董先生是我的先生。"董守义非常感动。

第三届全国运动会后不久，董守义在亲友们的欢笑中度过了他80岁的生日，他的学生和老朋友们都前来祝贺。然而，1976年1月8日，广播里却播放了周恩来总理去世的消息。噩耗传来，董守义肝胆欲裂，他颓然跌坐在桌前，眼前一片昏黑，半天没能清醒过来。董守义彻夜难眠，南开的球场、青年会的宿舍、重庆南开校友会、几次出国的会见……与总理在一起的桩桩往事一幕幕浮现在眼前。夜半，他拿出日记本，用颤抖的笔把总理逝世的消息记在本子上，两行热泪夺眶而出。他不顾因肺气肿引起的阵阵胸闷气紧，不顾阵阵头晕腿软，到医院向周总理遗体告别，到人民大会堂参加追悼会。

1978年6月13日，董守义因患癌症医治无效在北京逝世，他带着一生的业绩、带着幸福和满足走了；他带着未了的夙愿、带着遗憾和期待走了。但他为近代中国体育事业奋斗一生、贡献一生的精神，却永远激励和鞭策着后人。

船王董浩云从天津启航

董浩云在天津任职时的留影

2006年7月21日，全国政协副主席董建华偕夫人到天津市档案馆参观视察，他认真仔细地翻阅着世界船王董浩云当年在天津航业公司创业时的档案，激动地说，天津档案馆馆藏了这么多父亲当年在津活动的档案，我没有想到；你们把档案保存得这样好，这样完整，我没有想到。据市档案馆工作人员介绍，该馆珍藏了董浩云曾供职的天津航业公司档案671卷，详细记录了董浩云从1931年初到1937年末在津活动及1938年至1947年回到上海后与天津航业公司来往情况，其中董浩云亲笔起草的信函、电报、报告等就达1000余件，是研究董浩云在津创业、天津乃至全国航运史发展的珍贵资料。

供职天津航业公司

天津海河自人工裁弯取直后，河流缩短，斜度增加，泥沙增多，

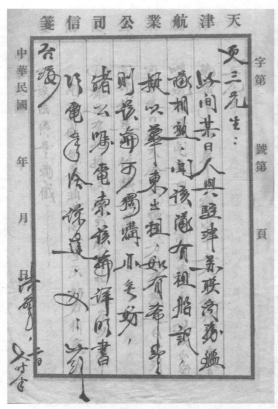

董浩云17岁进入上海一家国际运输公司受训，一年后加入天津航业公司，为了中国航运事业，他奋斗终生

天津市档案馆保存了董浩云的手迹300余件，这是1933年董浩云致王更三的信函

河道淤塞，水位下降，造成吃水在11尺以上的海轮不能直接驶入天津紫竹林码头，只得在塘沽停泊后借驳船转运货物。而在津沽间作业的驳船公司却只有太古、大沽、仪兴等三家，所有驳船总计不过30余只。鉴于驳运业的巨额利润和其中蕴含着的巨大商机，1929年9月1日，金城银行的下属公司通成公司和久大公司共同创办了天津航业公司，在英租界十二号路15号——天津通成公司内办公，叶绪耕任总经理，王更三为经理。

董浩云，1912年9月28日生于上海闸北，父亲董瑞昌曾在上海经营五金业，母亲陶太夫人极为贤惠，夫妇二人胼手胝足，艰苦创

董浩云的父母、大哥、大姐在1908年的合影

业，育有三子二女。次子董浩云自幼体弱多病，加之父亲生意遭受挫折，16岁时即休学在家自修，他日后丰富的学识和扎实的中、英文功底都得益于此时的勤学苦读。19岁时，进入日本国际运输公司工作。当得知天津航业公司正在招考职员时，从小对大海情有独钟的董浩云毅然辞去了安稳的职位，考入金城银行下属的通成公司。1931年11月底，奉派与友人顾联青一同乘火车经南京来到天津。12月初到职后，董浩云担任天津航业公司秘书。从此，开始了他与海洋紧密相连的传奇人生。

倡导"自船、自货、自航"

大沽—塘沽—海河—天津，这段长达45海里的内河航运线即为旧天津的沽口驳运专线。1931年之前，这段航线一直由英国太古洋行（天津驳船公司）以及大沽轮驳公司把持，所有自欧美各国运来的货物完全由其包运，在他们运销与金融、保险构成一个体系垄断下，中国航商根本无法涉足。"九一八事变"后，日本经济势力也随军事、政治侵略以排山倒海之势侵入华北。天津是北宁、平绥、平汉、津浦等铁路交叉点，也是正太、道清、同蒲各路出海吐纳的港口。日本人正是看中了这一点，为控制港口和水上运输，他们在塘沽耗资千万元建造新港，国人经营的海河驳运业，无不受其排挤而生存艰难。董浩云就曾亲见北方航业公司因经济拮据而将所有轮船抵押给了大连的一家日本航商。初创时期的天津航业公司更是深受其害而举步维艰。

从1932年开始，董浩云就开始积极倡导"自船、自货、自航"的航运方针，即中国自己的货物应由国人自己的轮船运输。经董浩云几次亲往山西太原绥靖公署采运处协商、谈判，1933年天津航业公司首次获得了该公署从美国进口、天津大沽口交货的同蒲路枕木的承运权。但为了达到继续垄断中国航运的目的，英商大沽、太古驳船公司，日商日清驳船公司等洋商驳运公司竟联合远洋轮船、贸易、金融、保

董浩云很早辍学，他广博的学识主要是靠自学获得的

险等方，"一致步调，或多方借口，或破坏恫吓，几无所不用其极，期达其永远独占野心"，向太原绥靖公署施压，采取联合降低驳运费、提高小工费等手段，对付天津航业公司。不肯屈服的天津航业公司则不惜血本斥巨资添置先进设备，引进先进技术，以高效、稳健的工作质量，与洋商针锋相对地抗衡。1934年，董浩云先后致函国民政府铁道部、太原绥靖公署主任阎锡山、北宁铁路材料局、正大铁路管理局等，历陈天津航业公司自创建以来，"本黾勉服务精神，为国航挽回权利，惨淡经营承运"的苦衷；表明"为积极承办全国铁路材料水上运输，进一步开拓远洋航运，实现'自船、自货、自航'计划"的决心；恳请承揽同蒲路钢轨、铁路进口材料的水上运输业务。同年，山西省政府当局终将同蒲路材料交给天津航业公司承运，并在来函中肯定了天津航业公司为收回航运权所做出的不懈努力和巨大牺牲，称"此后如再购其他货物，对航运方面有何借力之处，当即函知"。

1935年，董浩云更亲赴正大铁路局商揽进口枕木、钢轨等铁路材料沽口驳运的具体事宜。在董浩云及其天津航业公司同人的共同努力下，北宁、正太、平绥、道清各路进口铁路材料及美国粉、麦等，在天津港由外洋运来大批进口货物的驳运业务，相继归由天津航业公司承揽，并正式向铁道部备案。从此，打破了外商垄断华北水上运输的旧例，开国人"自船、自货、自航"之先河，启我国收回航运主权之先声，也为我国发展远洋航业运输奠定了坚实的基础。

九号码头之争

天津旧英租界的海河沿岸线，是天津驳运航线上最为优越的地段，是华北物产水路运输的集散地，素有"天津港航运中心"之称。这段沿岸线曾被各航运公司人为地分割为九段：从四号到八号为太古、怡和、招商等三家公司所永租；二号为享有特权的海河工程局租用；一号、三号名为公共码头，虽名为各航运公司所公用，但因起重机关系，一号大都以靠泊大型轮船为主，国人民营航运公司代理的船只通常不能染指，三号则因栈房设备全部为日商大阪商船会社私有，而被该公司完全占用；故而，事实上留给各航运公司的公共码头仅剩下九号码头了。

22岁的董浩云在天津留影

坐落在旧英租界中街33号的九号地产，原为英驻津总领事馆旧址，在英国驻津总领事馆登记为七号地产，东至河滩（今海河沿岸），西至中街（今解放北路），南至第九号地，北至领事道（今大同道），合计面积13.625亩。经过反复谈判、多方协商，董浩云与熟悉英国法律并被英国政府准许出席最高法院资格的中国律师林行规，共同起草、审查协议合同。在同年10月15日，天津航业公司终于与英王特使及满思·卫满斯签订了租借合同。合同规定：航业公司一次性支付中国现银圆265882.5元；租期自1934年10月22日至1960年9月19日；租期内，天津航业公司每年交租金制钱20715文，每年10月22日赴驻津英总领事馆预付。

天津航业公司得到九号地产，其界内的九号码头自然也就归其所有。有了自己的码头，公司业务蒸蒸日上。然而，11月上旬，大型"通利"轮装载1500吨芜湖大米来津，即减少了大沽驳运的环节，直进紫竹林，停泊九号码头卸载，为船商节省了驳运费和小工费，缩短了船期。此后，来自香港、芜湖、上海等地大米源源不断地运往津门，大都在九号大院栈卸存。一时间，九号大院竟成了天津的米栈中心！

洋商为了达到垄断航运，抑制中国民营航业发展的目的，竟然串通英租界工部局、津海关港务长，下令禁止停泊船长度在180尺的大船。英工部局竟以"九号码头靠泊大船有妨害中部船舶转头处之可虑"为由，在九号码头上立了一个告示牌，限令长度超过180尺的船舶一律禁停该码头。此令一出，不啻宣布该栈完全作废，将天津航业公司置于死地。董浩云遂代表天津航业公司分别向英租界工部局、津海关港务长提出抗议，他从"所谓禁止靠泊大船理由之分析与答辩""抗议后当局所表示善后办法""恳请工部局华董主持各点"等方面，有理有据地驳斥了英工部局、港务长的错误做法。随后又分别呈文该局各华董恳请他们"迅予恢复，以利航运，而维纳税华人与皇家租约持有人权益"。

最终，港务长答复：重建中部转头处工程即将开工，等该工程竣工后，九号码头即可靠泊300尺以上大船，从此可得永远安全保障。但因该工程要等到1937年春才能完成，此前可在九号码头北端水面建一个铁柱，仍准停靠大船，但以不过300尺为限。

铁柱工程一星期后竣工，九号码头恢复功能。同年10月，上海"通成"轮载米来津，顺利进入九号码头，船身半靠九号码头、半靠怡和码头。从此，天津航业公司代理各轮大多直驶九号码头卸载，实现了董浩云"自船、自埠"的又一夙愿，进一步提升了天津航业公司在全国航运界的地位。

救助大沽口冰难

1936年1月中旬，华北地区气温骤降，渤海海面最低温度接近零下20℃，海河至大沽口航线及大沽口内外海域严重结冰，造成数十艘中外客货轮船不能进港，海河沿岸各码头的货物堆积如山而不能及时装船运出。2月1日，华北地区再次遭遇强烈寒流，漂浮在大沽口内外近海的冰块再度冻结，大沽口外60海里以内全部封冻，40

余艘津港进出口大小商船及驳运公司驳船完全被坚冰封锁，进退维谷，动弹不得。各轮安有无线电装置的纷纷向海河工程局、津海关税务司及其代理公司发出紧急求救信号，没有无线电的则不停地向周围的船只打着乞救旗语。2月3日，津海关港务长发出第一号布告，宣布天津港为冰险口岸，有碍航行。

2月20日下午，东风大作，天空中突降大雪。21日，气温再度转寒，自沙垒田岛至大沽口海面，新旧冰块结成一体，冰厚达到六七尺，塘沽至大沽口水路完全断绝。又有数十艘船只加入被困行列，烧煤、食物、饮水先后告罄。8艘船只被呼啸着的西北风吹动下的浮冰推入大海深处，不知去向。28日，大沽口的"海明"号海关灯船竟也被扯断海底铁缆，漂入渤海湾，不见了踪影。每至夜幕降临之时，失去了灯船的指引，面对漆黑一片的茫茫大海，所有受困旅客、船员饥寒交迫，呼救无应，无不感到莫名的恐惧和绝望。直到3月5日风力减弱时，"海明"号才跌跌撞撞地驶回原地。

鉴于冰难日趋严重，天津航业公司立即致电各代理公司，告诫即将来津的各埠船只"应缓行来津或改驶烟台、青岛"。在经理王更三的带领下，董浩云等乘"天行"轮，多次携带救助物品赶往冰难现场。海河工程局也曾派出数条船只进行营救，但由于设备陈旧，效力全无。这些老爷船自沽口出发前驶仅50尺，即被冰阻，无法活动。更有"清凌"号和由挖泥船改装为破冰船的"快利"号，刚一挣扎着撞入冰区，即被冰所困，不能自拔，束手就擒地加入了被困船只行列。其余各船见此情景，只得鸣金收兵，打道回府。

冰难中董浩云乘飞机两度施救

大沽口发生重大冰难后，在津的《大公报》《益世报》《商报》等报刊，从2月初每日连续报道冰情实况，引起全国航运界的普遍关注，震惊了国民政府交通部。26日，天津市长萧振瀛紧急召见了航政局长潘耀襄，决定特拨1000元，令社会局与航政局有关人员组成救援组，租用欧亚航空公司飞机，立即装运食品分送各轮，以维持全体被灾人员生命。因王更三、董浩云等多次乘"天行"轮施救，熟悉各轮位置，救援组遂请他们一同前往。

2月27日、3月2日，王更三、董浩云与航政局、社会局有关人员一起乘坐"欧亚六号"飞机，两度视察沽口冰围各轮，空投救助物品。飞机从马场道附近的万国飞机场起飞，循海河而下，十几分钟后抵达大沽口上空。当日，天气初晴，没胫的皑皑白雪，一望无垠，俯视冰面，海冰碎块，集如堆锦。在董浩云的引导下，飞机很快就在冰排密集中，相继发现了被困各轮，鸟瞰冰轮散置，船员、旅客隐约可见。董浩云用手中的相机记录下了这一幕幕难忘的场景。

轮中待救人员听见飞机的轰鸣声，纷纷跑出船舱，仰首招手呼叫，那样子极像是一群嗷嗷待哺的小鸟。飞机每至一轮便投送一些面包、饼干、面粉等食物，旅客、船员在冰凌上跌跌撞撞地奔跑着搜寻食物，不时有人跌倒，其情状甚为狼狈、可怜。两次飞行共投放200包4000余斤食物。但因食物有限，没能做到逐轮救济。董浩云等深以为憾，建议政府尽快考虑再次空投食物。

3月10日后，天气转暖，气温迅速回升至零上。大沽口冰面逐渐融化，加之数只破冰船一起上阵，至3月21日，随着最后一只日籍商船"益进丸"的获救，冰难救助工作宣告结束。

中国远洋海运先驱

19世纪中后叶，清政府几次对外战争失败，国门洞开，外国船舶大摇大摆地在我国沿海、内河任意行驶，航运事业基本上被英国

1934年3月16日，天津市航业同业公会成立，此为全体委员合影，后排右二为董浩云

的怡和、太古和日本的日清等大公司所掌握。中国虽有招商局、三北、政记几个较大的航运公司，但由于实力较弱，船舶较少，不能与外国公司相抗衡。"远洋货运不得已假手于人，其投标售料者，辄以'中国某地交货'（C.I.F）为惯例，甚至进口材料自我国港口至河内铁路码头之驳运部分亦因我国内河航行权之丧失，为洋商轮船公司所垄断、包办。"1933年，在董浩云的争取下，天津航业公司首次获得了山西太原绥靖公署从美国进口、天津大沽口交货的同蒲路枕木的承运权。1934年，国民政府召开促进航业讨论会，董浩云递交了"购买铁路材料应以国外交货（F.O.B）为交货条件，藉资收回航运权益"的提案。

此后，在董浩云的不懈努力下，北宁、正太、平绥、道清各路进口铁路材料及美国粉、麦等，相继归由天津航业公司承揽。为进一步实现远洋海运的理想，他以天津航业公司为基地，与航业界前

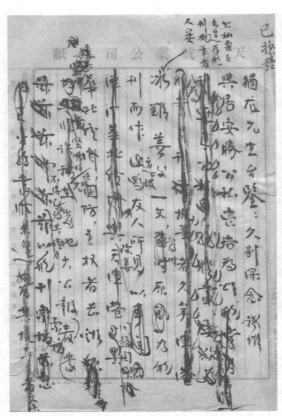

这些董浩云手迹多为修改多次的草稿，给编辑工作带来很大困难

辈叶绪耕、王更三共同制订自办远洋航运计划，并积极筹备进行。函电英国伦敦海运市场接洽租船货运，与德国利克茂轮船公司商议合作承运中国从德国孔士洋行进口的8000余吨钢轨。但随着抗日战争的爆发，此事被迫停止。

抗战胜利后，航权收回，外国航运公司逐渐退出我国沿海和内河。但战后的中国航业已是千疮百孔，招商局和各民营航运公司的船只所剩无几，接收日伪遗留下来的几艘江船，也只是杯水车薪，不敷应用，当时连中国沿海煤运都要借助盟邦的自由轮。1946年，招商局从美国购得10艘自由轮及多艘小型轮船，但仍局限于应付军运与沿海运输。由于国民政府对本国航业采取保护政策，以致国内运费高昂，利润优厚；相反，对开拓国外航运进入世界性海运市场，政府却未制订任何奖励方案。所以，国内各轮船公司都忙于近海与长江煤、盐、粮食的运输而对远洋海运鲜有问津。但就在这时，董浩云创建的中国航运公司却以新兴民营事业姿态，不避艰辛，宁愿牺牲国内优厚运费收入，毅然于1947年8月开辟国轮外航线，"天龙"轮成功试航大西洋。实现了多年梦想的董浩云曾在《历尽沧桑话航运》一文中这样记述了当年的情景："最值得纪念而又最令人兴奋的，莫过于1947年中国航运公司所经营的'天龙'轮首次远航大西洋，这是中国航业有史以来的创举……这次远征我忝为主帅，我记得我们等待'天龙'轮由法国 Le Havre 港横渡大西洋，于11月29日的限期前赶到美国脑福克港（Norflk）。那时候的期待的心情，正不亚于英国这次在伊利莎白二世女皇加冕时，听到额士尔菲峰被人类征服一样兴高采烈而感慰得下泪。当时这种情况与感觉确是如此，至少，对我本人是终身不能或忘的一件大事。"

1948年2月25日，董浩云代理的中国海外航运公司最大的中国海船11600吨巨轮"通平"号又从上海出发，横渡太平洋。当"通平"轮于同年4月抵达美国旧金山时，恰与董浩云为接收复兴航业公司在美国的购船相遇。更为巧合的是，第二次横渡大西洋的"天龙"轮，也经比利时正好驶入美国东岸却尔斯登（Charleston），太平洋、大西洋、美国东西两岸，同时出现中国船只，旧金山的中外各报及国内多家报纸纷纷报道了这一震惊世界的消息。旅美华侨目睹了悬挂中国国旗的巨轮齐聚美国的壮观场面，无不感到骄傲自豪而

1946年，董浩云一家的合影，后来他们又有了一个女儿

船王董浩云从天津启航

031

欢呼沸腾，联想起多年来祖国的屈辱历史和自己在国外被别人看不起的遭遇，不禁悲喜交加，热泪长流！这一壮举，不仅让炎黄子孙恢复了征服海洋的信心，而且证明了国人经营世界性远洋航业的能力，更奠定了中国远洋海运的基础。

在津的6年，是董浩云积累经验的创业时期，为他日后成为世界船王打下了坚实的基础，可以说，他的航业事业正是从天津扬帆启航的。

王楚章诚信办惠福

　　1927年，王楚章联合16位宁波人在天津创办惠福木器公司，以诚信至上的经营赢得大江南北的广大客户，其家具产品行销世界各地；以"板斧"精神成为天津木器业之翘楚，1954年率先响应党的号召，成为天津最早公私合营的企业；王楚章一生钻研木器家具的新品开发，在旧中国，是天津木器业同业公会的会长，在新中国，担任天津木器研究所所长，他设计生产的产品曾进入中南海和人民大会堂；改革开放后，惠福公司重组后改称天津家具五厂，该厂很好地传承了老惠福的诚信理念，以"淳朴、实用和不寻常美丽"的红韵中国系列产品驰名海内外。

诚信至上的"板斧"精神

　　王楚章（1894—1987），曾用名王永昌，浙江镇海县人，生于1894年8月10日，其父王廷珍多年从事渔业。王楚章8岁开始读私塾，10岁转至宁波小学，16岁初小毕业。1910年来津，经其严姓姨父介绍，在一家首饰店学徒。民国初年，经友人张再春介绍，至生昌木器公司学徒。他为人诚恳，做事勤快，头脑灵活，钻研苦干，从学徒、木工到技师，掌握了一手制作各种木器家具的好手艺，在天津木器业崭露头角，1920年升任副经理，时年26岁。

王楚章

1927年，不甘一辈子为别人打工的王楚章，组织同乡王锡昌、邬永鹤、王智华、刘翠芬、余馥生、富陈诵芬、向文英、唐世堂、鲍徐锦仙、竺禹襄、朱仁芳、陈绍蕃、刘陈彩、倪念先金、周文茂、祝莲士等16位股东，集资15000银圆，在旧法租界马家口4号路创办惠福有限公司，同时在长宁路52号设立生产厂，以销售木制家具为业。王楚章任经理，王锡昌任副经理。

开业伊始，王楚章就认定"要想使自己的产品胜过别人一筹，就要加倍严格执行质量标准"。就是这种诚信至上、质量第一的指导思想，贯彻到从选料到成品出厂的每个生产环节和制作工艺。他还制定了一套科学的操作规程，所用木材都要经过烘烤程序的专门处理，以确保成品家具不变形、不走样，随后再根据设计图样精工细作。惠福木器公司生产的各种座椅，可根据季节变换而有所变化，如冬季是棉垫，春秋是布面，夏季用竹条。此外，圆桌、长桌、折叠桌、八仙桌、圆方两用桌等，以及各种五斗柜、大衣柜、床头柜、镜柜等，都可以根据客户需求量身定制。王楚章不仅对木工制作要求严格，而且对油漆和缝纫工艺也从不放松，为此，他不惜高薪聘请能工巧匠，以打造自己的品牌。

1931年春，有一批家具因质量不合格，客户提出了退货。王楚章经过认真检验后，认定产品确有质量问题，在车间内顺手抓过一把板斧，连劈带砍，将这批家具砸得稀烂。当即，召集全体员工郑重宣布："我们的公司开办快五年了，为什么得以立足，就是因为我们的诚信，我们的真材实料、真手艺！谁要是将次品家具卖给客户，就是砸公司的牌子，砸自己的饭碗！从今往后，倘若我再见到不符合质量标准的次品，就用这把斧子劈烂它！"由此，王楚章得名"王板斧"！他说到做到，在生产车间、在成品库房，常常见到王楚章拎着斧子的身影，他手里那把斧子不知砸毁了多少次品家具！随着"王板斧"的美名越叫越响，惠福木器公司的家具系列享誉全国。

因经营有方，历年盈余，除分拨定例股息外，公司积累资金充沛，王楚章遂于1941年在北京开设分公司，扩大经营范围。此后不久又在旧蓝牌电车道（现滨江道大沽路口）设立木器家具店铺，顾客可以买现货，也可以拿着样品图片私人定制。

惠福公司的家具以"做工精细、造型美观、油漆光泽、经久耐用"著称，北方的达官贵人、满清遗老、北洋寓公，南方的富商巨贾、官宦人家等，都

王楚章个人简历

是惠福的主顾。由于惠福公司定位高端，面向世界，因此许多产品还行销国外。企业的成功也让王楚章成为天津木器业的领军人物，其先后当选为天津木器业同业公会委员、会长等职。

公司失火　大伤元气

然而，天有不测风云，如日中天的惠福公司却遭遇了一次灭顶之灾，险些让王楚章倾家荡产。1945年2月7日晨2时，惠福公司内

部突然起火，火借风势，迅速蔓延至周边商家，一时火光冲天，浓烟滚滚，数里之外可见熊熊火焰。有人急忙鸣警，消防队闻讯后火速驰往，虽经数十名消防队员奋勇扑救，但因受灾物品多为木材和塑料制品，火势过猛，迄至11时10分始告完全扑灭。连同周边的长春旅社、紫竹林饭庄等十余家商号，均被付之一炬，酿成津城巨灾，损失达6000万元以上，其中惠福公司损失1000余万元。经查，火灾原因系惠福公司仓库内存有沙发布40余匹，被炉火余烬燃着，及至41岁的守夜临时工鲍仁规发觉时，火势已大，在浓烟和烈焰下，他无力自救，葬身于火海之中。清理火灾现场时，人们在灰烬中找到了他烧焦了的尸体。更令王楚章痛心的是，他倾注十数年心血、多方搜集的上千种木器图案样本也在火灾中化为乌有。

自此，惠福木器公司大伤元气，北京分公司只得宣告歇业。所幸惠福公司曾在天一、华安、中国、中孚等四家保险公司投有多份保险，保额共计256万元。1945年8月15日抗战胜利后，依靠保险公司赔偿款，王楚章抱定重头再来的决心，惠福公司选址第一区罗斯福路（今和平路）96号租厂重新开业，改称惠福洋货木器公司，并在第一区大沽路40号开设生产分厂。1947年5月21日，王楚章在第十区营口道诚士里24号自建楼房，一家八口在此定居。

因"地址狭隘，营业不振，所入不敷开支"，1947年7月31日，王楚章将大沽路分厂合并至总店，独家营业，以节开支。从同年12月至翌年10月，王楚章以"成本大货价高，产品销售不畅，营业额骤降"为由，屡次呈文市财政局请求减免纳税额，由此可见惠福公司的生存窘境。

最早公私合营的企业

1949年1月天津解放后，市政府制定"发展经济，保障供给，公私兼顾，劳资两利"的方针，大力扶植和支持私营企业。惠福木

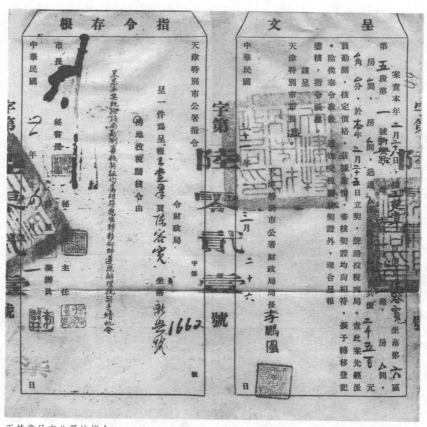

王楚章呈市公署的指令

器制造厂为天津市人民政府会客室、会议室、市长办公厅制作配套家具。同年，该厂又为石家庄白求恩医院设计配套了医疗科研、教学以及宿舍楼的全部家具。由于该医院各系主任是来自不同国家的专家和留学生，家具分别按美式、德式、法式等进行设计，医院建成后，全国各地同行前往参观学习，进一步扩大了惠福产品知名度，惠福成为天津首屈一指的家具厂。

1951年初，惠福厂在五区南宁路第一分厂设立木工、油工、缝工三个工段。同时租借浙江义园房产，在六区谦德庄汕头路52号设立第二分厂，该厂设有木工、油工两个工段。

1954年初，天津市人民政府开始对民族资本主义工商业实行社会主义改造，惠福木器厂作为全市家具业的试点企业率先进行公私合营。

同年4月，成立了惠福木器厂公私合营筹备委员会，由甲方（公股）三人、乙方（私股）二人组成，下设秘书组和清估审核组，甲方李铭任主任，乙方王楚章任副主任。筹委会首先制订了资产清估方案，整个评估过程始终贯彻了公平、合理、实事求是的原则，按照"资方造具财产清估册，清估组审核"的程序进行。最终的清估结果较原企业财产升值了1亿多元（旧币）。资方代表王楚章非常满意。

根据国家对合营企业资方有职有权的政策，在公股代表的领导下资方代表应享有自己的合法权益。结合王楚章的工作能力，更因其从事木器业多年，不仅经验丰富、业务熟练，而且还能设计木器新产品，决定由他担任副厂长，王锡昌任营业部主任。

合营前，该厂分为五区、六区两个厂区，在一区另有一个营业部。五区厂设有木工、油工、缝工三个工段，六区厂设有木工、油工两个工段。为了生产、销售的便利，合营后，将营业部的管理人员均迁至五区厂办公，五区厂为第一车间，六区厂为第二车间，原有工种没有变动。设立了人事保卫股、会计股和生产业务股等职能科室。在原分工的基础上，更加清晰地划分了职责范围。根据生产需要，扩大了生产业务股，由波兰进口了压刨机等设备，这是天津家具业采用近代木工设备的开端。

1954年7月26日，惠福木器厂公私合营大会在该厂隆重举行，公股厂长石芳、私方厂长王楚章先后讲话，工人代表也积极发言。该厂原有资金总额为7.6亿元，合营后，私股投入资金6.2亿元，公股投入1亿元。合营前该厂共有79名职工，合营后增加到81人。

工厂合营初期，王楚章虽然是副厂长，但大部分干部、职工都不听他指挥。于是，王楚章找到公股厂长石芳诉苦说：我说话没人听了，哪怕我说十句听三句也好啊！针对这种现象，石芳召开了一次全厂干部会议，会上石芳再次强调了王楚章的合法权益。会后，王楚章在职工中重新树立了威信，工作积极热情。

在合营初期，出现各组织机构职责不清，各科室之间工作互相推诿，造成产品大量积压，并且出现误期还贷被罚款的现象。于是，在石芳和王楚章的带领下，全厂上下集中精力，建立了一系列的规章制度：针对合营前该厂管理不善，盲目生产，造成产品严重积压的现象，建立了原材料收发及成品调拨和成本核算制度；为了改变职员工作散漫、外出随便的现象，建立了职员签到和请假制度；为保证安全生产，避免事故，建立了安全与检查制度；为改变过去没有专人检验成品的现象和保证成品质量，建立了成品检验制度。

就这样，在全体职工的积极配合和努力下，合营后第一季度，惠福木器厂就初步扭转了管理混乱的局面，全体职工也都明确了自己的职责，生产数量和质量不断得到提高。该厂"在私营企业中增加公股，国家派驻干部（公方代表）负责企业的经营管理"的公私合营方式，为1956年天津市政府顺利完成全市家具企业全行业

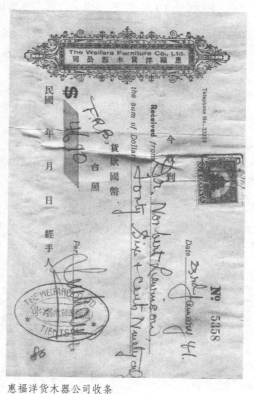

惠福洋货木器公司收条

公私合营积累了成功经验、树立了典范。

　　同年12月7日，经天津市人民政府地方国营第一轻工业局批准，王楚章任厂长，郭凤岐任副厂长。1959年，北京人民大会堂建成后，北京厅内摆放的全套家具，中国军事博物馆、北京展览馆内的部分家具，均为惠福木器厂制作。

　　1959年末，王楚章被任命为天津家具研究所所长后，一心钻研木器家具的新产品、新工艺和新式样。1962年7月14日，王楚章以"体力衰弱多病，尤其目患白内障，视力失效，长此失却工作效能。是以职任重要，有误工作，殊感不安"为由，向厂党委书记提出退休申请。7月30日正式退休。

　　1965年该厂更名为南仓木器五厂，后改称天津家具五厂沿用至今。1979年10月，天津家具五厂产品正式注册新商标"蜂皇牌"，沿用至今。产品沿袭经典的明清家具款式风格，精选珍贵的大叶紫檀、缅甸花梨，以传统家具巧妙、精确的榫卯结构及纯正的手工技艺，打造出最具古朴韵味的红木精品。

　　1987年8月，王楚章因病在天津去世，享年93岁。

曹禺的南开中学时代

曹禺1922年9月初考入南开中学，1928年保送至南开大学政治系，1930年转入清华大学西洋文学系。在南开中学的6年时间里，他第一次接触到了话剧，因扮演《娜拉》中的女主角而大获成功，为他一生的事业奠定了基础。1985年10月4日重返南开母校时，他激动地说："我永远忘不了南开对我的培养和教育，我的一生是同南开联系在一起的。"1942年第5卷第5期《中国文艺》中

1941年时的曹禺

《曹禺的中学时代》和1946年第1期《新闻周报》中《曹禺是张伯苓的高足》两文，详细记述了曹禺在南开中学学习、生活的细节。

因病休学　学业突出

《曹禺的中学时代》一文署名杨璧，是1923年考入南开中学初二年级的新生，比曹禺晚一年进校，也比曹禺低一个年级，只是当时曹禺还叫原名万家宝。当时南开中学已是享誉全国的名校，有着宽阔的校舍，有2000余名来自全国各地的优秀学生。学校的食堂按月缴纳饭费，杨璧是插班生，没有和同伴一起缴费，便由校方庶务

1942年第5卷第5期《中国文艺》中的《曹禺的中学时代》一文

课临时安排，与几个初三年级的同学一起同桌用饭。就这样，进校第一天便与同桌的万家宝相识了。

第一次与几个陌生人在一起用餐，杨璧心里总觉得有些不自在。但显然，几位同桌的饭友彼此都是熟人。他们兴高采烈地说笑，不仅让杨璧甚为羡慕，而且还时常引起邻桌同学的注意，时不时也跟着插上一两句话。这其中最英俊的便是万家宝，最健谈的也是他。那时的万家宝不过是个13岁的孩子，但他所谈的内容却多是社交场中的事情，一会儿说昨晚在某跳舞场的见闻，某女士跳舞的姿势太过蹩脚，一会儿报告《范伦铁恩》《哥伦慕尔》影片将在平安影院上映，一会儿谈论某宴会的主人态度如何如何。骤然听去，好似他是一个社交场中的老手。一个侧面反映了万家宝当时的家庭状况和生活环境。

学生们每天在食堂吃两顿饭，随着接触机会的增多，他们偶尔也说上几句话，还能进一步讲上几句笑话，只是因为万家宝高一个年级，杨璧心中多少有些顾忌，才不敢造次。而对于万家宝他们几个来说，杨璧是低年级的学生，也并不把他当回事。时间过得很快，转眼一个月的同桌关系就结束了。第二个月，杨璧便被调回与同班同学一起缴饭费了。

两年后，杨璧升入高级一年的甲一组，甲代表文科的意思，一组是一年级文科的一部分。这组学生组成比较复杂，有从三年级升学上来的，也有高一年级的留级生，还有虽从初三升级但仍有一门或两门功课不及格，需要重读或等候假期补考的。总之，多是因为贪玩对功课松懈的学生。但其中也有一些天分较高的同学，只是他们聪明反被聪明误而已。如后来著名的小提琴家陆以循的哥哥陆以洪，艺专演剧名手三赖之一的林赖卿（那时已经改名为林受祜），著名法学家江庸的四公子江樵，南开的篮球校队乙队的杨琏玉、杨长骥、王新华等玩家。更为有缘的是，杨璧和曹禺也在这个班。曹禺是因病在1923年休学一年。

再次见到曹禺，已不似从前的模样，态度稳重，不苟言笑。头上戴着一顶瓜皮小帽，取代之前西装的是一件旧神袍，外套一件短小、颜色已褪的蓝布大褂，有点像清朝官服的袍套。再往下看，皮鞋也被遗弃了，脚上穿的是两道皮脸的青布鞋，既透着风雅，又露着随性。形象虽如此，但他对课堂上的功课、图书馆里的作业却丝毫没有懈怠。那年国文班的教员是张弓老师，张先生后来担任了北京中国大学的国学教授，是中国修辞学的发明家。他对曹禺的功课并不怎样得意，倒是国学常识教员钟伯良对曹禺格外赏识。钟先生是四川人，国学家梁漱溟的高足，他对全班学生的笔记大都不满意，唯独表扬万家宝整理的笔记，并让全班同学传观学习。钟先生在上面的批语大意是，万生的笔记整理得法，颇有心得，还写了一些期待的话。从此，曹禺平地一声雷，震动了全班同学的耳目，大家不禁对他刮目相看了。

酷爱戏剧　痴迷跳舞

1910年9月24日，曹禺出生在天津小白楼的一座院落里，不幸的是，在他出生的第三天，母亲就因产后症去世了。继母酷爱京剧，从曹禺3岁时就经常抱着他进戏园子听戏。年龄稍长，曹禺就随继母站在凳子上看戏。耳濡目染，曹禺后来也成了一个十足的戏迷。他从10岁开始就经常自己去听戏了，当年红极一时的名伶谭鑫培、刘鸿声、龚云甫、陈德林、杨小楼的戏，他都看过。曹禺对家里的一本《戏考》爱不释手，书中的折子戏唱词他都能倒背如流。再后来，他便开始听着留声机自己学唱起来。

曹禺组织了一个票房，当时为他操琴的是固定的几个人：胡琴是周连增，后来成为华北运动会掷铁饼的纪录保持者，别看他手掌大胳膊粗，却拉得一手的好胡琴；三弦琴手是一位名叫张箕的网球运动员；月琴手就是杨璧。每天在念书用功之余，他们便在宿舍里唱上几段。曹禺喜欢老生戏，唱来极有韵味，字正腔圆，耐人寻味。他曾感叹道："戏原来是这样一个美妙迷人的东西！"

天津各戏院当年也演出文明戏，曹禺尤其爱看连台本的文明戏，常被曲折的剧情所感染，后来他回忆说："中国观众十分善感，像言论正生（戏中的行当）演说过后，观众那样热烈地欢迎，那种热烈鼓掌的情景。男女洒泪告别时，台下也有妇女一片呜咽，擦湿了手帕。可以说，观众和舞台打成一片，真叫交流！那些有本事的文明戏演员们，的确是有一套使当时的观众神魂颠倒的本领。"这种对文明戏演员的崇拜和艳羡，也是他后来转行从事戏剧的动因之一。

曹禺多才多艺，他当年曾是南开中学著名的舞星。放学后，他常在宿舍里打开留声机，放些西洋音乐唱片，与同宿舍的室友跳交际舞。当时，南开中学男女同学不同校，自然寻不到女性的舞伴，但他们仍然能够对对成双地跳起来。最出色的女性舞伴替身便是曹禺。他那年不过是十六七岁的青年，身材不高，生来一副柔软的细腰，代替女性舞伴煞是称职。当年与曹禺配舞的男性舞伴有三人：一个是曹禺的琴师周连增，身高六尺以上的彪形大汉；一个是天津名媛俞珊小姐的兄长俞启孝，既善溜冰，又好跳舞，还善演说；第三个便是赵四小姐的弟弟赵国基。这几个人也是曹禺的好朋友，个个身材高大，舞技超群。每当午饭后，他们便告诉校役留神着校务课员的查斋，寻风任务布置停当后，南开中学四斋的舞会便开始了。这个舞场还有一个规矩，凡是初次进入舞场学舞的学员，必须屈尊先做女舞伴。虽然情愿做女舞伴的人很多，但他们远不如曹禺受欢迎，因为曹禺的舞姿就是真的女性舞伴来了恐怕也要逊色几分呢！

迁居意租界　父亲因病去世

曹禺出生后不久就搬到了意租界二马路28号（今河北区民主道23号），这是一座十分讲究的意大利式两层小洋楼，建于清宣统二年（1910）春，砖木结构，坡式瓦顶，木制门窗，水泥墙面，双阳台，阳台上有蜂窝状透视墙，进门处设方形门厅，两侧砖柱，建筑风格简洁朴实。

曹禺的父亲万德尊（1873—1929），字宗石，湖北潜江人，自幼聪颖，15岁中秀才，1904年留学日本学习军事，毕业于东京士官学校，与后来的"山西王"阎锡山为同学。1909年回国后，被清政府委以军职。中华民国成立后，任镇守使兼督军，授陆军中将衔。1916年，担任湖北老乡、民国大总统黎元洪的秘书。1917年黎元洪下野息影津门，万德尊亦随之来津寓居，赋闲在家，后虽有重出江湖的机会，但他已厌倦官场的纷争和军阀混战的乱世，决意独善其身。父亲回津后，精神颓废，家庭气氛压抑，这在曹禺的心灵上蒙上了一层沉重的阴影。

1929年，万德尊患中风而病逝，当时杨璧正与万家宝同班。班上同学与万家宝的关系都很好，每人都接到了他家的讣闻。观看讣闻，知道他父亲的官衔是陆军中将，哀子栏下有两个人，一个是万家宝，一个是他的哥哥。开吊的那天，杨璧和全班同学一起到万家，万宅时在特别二区（时意租界已收回），是一所入时的洋房。灵堂布置得庄严肃穆，前来祭奠的人很多。同学们公送了一幅祭幛，为了寻觅这幅祭幛，他们顺便浏览了全部的祭幛，军界、政界、学界等社会各界大名衔的人物很多，最引人注目的便是前大总统黎元洪的祭幛，上款题的是"湖北乡兄万德尊千古"字样，由此可知，万氏家族曾有过辉煌的历史。拜灵的时候，循例是看不到孝子的，只在灵幕后面传出隐隐的呜咽之声，这使得灵堂内的空气十二分的凄凉，熟悉万家宝的同学们约略能分辨出他的哭声。和尚念经超度之时，一个孝子捧着灵位从幕后走出来，注目望去，不是万家宝，是一个白面似玉的文弱青年，年龄在20岁左右，想必此人就是万家宝的兄长了。据几个知道万家宝身世的同学说，他的哥哥大老宝与弟弟的性格迥然不同，一个循规蹈矩、死板板的，一个性格开朗、极活泼。

办过丧事回到学校时，万家宝经此家庭变故一下子成熟了许多。

张伯苓最得意的门生

南开初创时期，张伯苓校长就主张搞新剧，有人认为低俗，提出异议，但他却认为新剧最能代表时代精神，更能促进教育，"练习讲演，改良社会"，遂坚持排演新剧。1909年，南开中学创建五周年之际，校长张伯苓倡导建立了天津第一个话剧团，并自编、自导、自演了天津第一场由中国人演出的话剧《用非所学》。从此，每逢校庆和欢送毕业生时，学校演出话剧几成定律，《一元钱》《一念差》都是出自南开的剧本，南开新剧在全国享誉一时。这也促进了南开话剧的创新与发展，使之成为北方话剧的发祥地，在北方话剧史上占有一席之地。曹禺的话剧事业启蒙教育正是肇始于南开话剧团。

1943年，从战后国家恢复重建的需要出发，国民政府教育部拟定了《留学教育计划方案》，选派"以专科以上学校毕业，具有优异成绩或服务研究经验者"1000名，分赴英、美留学。同年8月11日，

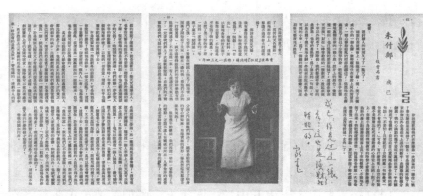

1946年第3卷第6期《一四七画报》中的《张伯苓的得意门生》一文

张伯苓致函教育部长陈立夫称："……苓学生万家宝（笔名曹禺）对于戏剧颇知努力研究，年来所写剧本均属精心之作，想为先生所深知。近闻教部将选拔各项专门人才派遣国外，藉求深造。若万君者倘能予以出国之机会，将来返国后对于我国剧坛，定必大有贡献也。特函介绍，敢乞留意，予以存记，无任拜祷……"9月15日，陈立夫复函称："……查本部本年选派留学生计划，经呈奉核定，并无文、法、商等科名额，万君所学，系为戏剧一科，无法予以派遣深造，至希察宥是荷……"虽然举荐未成，但足可见张伯苓对高足曹禺的赏识与推崇，不遗余力地为他创造更好的学习机会，以冀其为中国戏剧事业做出更大贡献。同年重庆南开中学举行校庆时，张伯苓特别邀请曹禺在大会上做了一场精彩演讲。

　　1946年2月，曹禺与老舍应邀赴美讲学。当时的《新闻周刊》《一四七画报》《星光》同时刊发了未署名文章《张伯苓的得意门生》，记述了张伯苓与曹禺的师生情谊。曹禺此前曾两度报名留学生，但均因故落选。此次赴美讲学的曹禺，大家都知道他是校长张伯苓的高足。在重庆，张伯苓每与人谈话时，总要提到他的这位得意门生，自豪地说，他平生只有两个得意门生，曹禺便是其中之一。张伯苓当时有着很高的社会地位和很大的社会影响，他对曹禺的广泛宣传，使得国际友人对曹禺更加熟悉了。言外之意，曹禺此次成行也有张伯苓的一份功劳。

张彭春精心栽培

1933年，曹禺创作了成名作《雷雨》，在序言中写道："末了，我将这本戏献给我的导师张彭春先生，他是第一个启发我接近戏剧的人。"

1922年，曹禺考入南开中学。同年末，张伯苓的弟弟张彭春在美国取得博士学位，回到南开大学任教。1923年9月，张彭春复转至清华大学执教，机缘短暂，他二人未谋面。1925年下半年，曹禺参加南开新剧团，张彭春也于1926年春再到南开大学，兼任南开中学部主任。张彭春对南开新剧团做了重新整顿，使南开剧团有了长足的进步。

特别是1927年，曹禺在丁西林的《压迫》中扮演女房客，《大公报》发表剧评，称曹禺是"了不得"的演员，做到"有趣而不狂放"，达到了"恰到好处"的效果。张彭春以伯乐的慧光发现了话剧界的千里马，对曹禺爱护有加，着力培养。从此，他

↑「财狂」全體演員：

自左至右
上排
房德奎飾韓伯康　萬家寶飾韓伯康　鹿篤桐飾綺妮院　李若蘭飾慕木蘭　章振宣飾陳南生

下排
張彭春　導　演　高中交飾璧　徐劍生飾賈　王守竣飾傅三奶奶　沈長庆飾施墨庵　戴底東：提　示

←導演張彭春指導萬家寶情形

导演张彭春指导万家宝时的情景

楮墨留芳——天津近代名人档案

二人结下了戏剧之缘。在团长兼导演张彭春的指导下，曹禺演出了很多剧目，奠定了他一生事业的基础。1928年，曹禺主演《娜拉》，他饰演的女主角神情自如，惟妙惟肖，颇受观众欢迎，大获成功，报纸纷纷发表评论，轰动一时。

当时男女不能同台演出，剧中的女角全由男同学扮演，曹禺便是张彭春最赏识的女角。曹禺当年身量较小，腰细脚小，面貌姣好，声音娇柔，只是皮肤稍嫌黑些。但是经过油彩化妆后，完全能够弥补这一缺点。曹禺扮女角可是很下功夫的，每天都要穿高跟鞋练习女人走路，甚至一遍一遍地照着镜子走，认真揣摩女性走路时的姿态和腰部动作，力争在自己走路时保持两腿在一条直线上。他的辛勤付出终于换来了很好的回报，他每次在台上的演出不知要倾倒多少男女同学。

1928年，曹禺被保送至南开大学政治系，1930年转入清华大学西洋文学系。1932年冬天，杨璧曾到清华园拜访老同学。那天，曹禺刚好没课，就把杨璧让到宿舍里。曹禺当时三年级，宿舍仍是旧斋舍，一人一间的小屋，两间共用一个壁炉，白天的炉火不太旺，但是屋里温度尚可，陈设极为简单。曹禺说了些阔别数载、思念母校、想念同学的话，问了些老师的情况和同学们的去处。谈话间，他手中仍捧着书边看边聊，看得出他是一个很用功的大学生。

曹禺虽然告别了南开中学的学习生活，但仍时常返回母校参加演出，后来南开新剧团已经打破了男女不能同台的限制。1934年秋，曹禺中断了清华大学研究生的学习，回到天津，在河北女师任教。张彭春也恰在此时回到南开大学，又值南开中学30周年校庆、瑞庭礼堂落成。南开新剧团邀请了不少校友返校演出《财狂》，曹禺自然也来了，只是他一改之前的作风，扮起了剧中的守财奴，一个70岁左右的老头儿，声音、形象居然也是恰到好处，真不愧为一名天才的话剧家啊！

曹禺曾在《回忆在天津开始的戏剧生活》一文中深情地写道："南开新剧团是我的启蒙老师，它启发了我对戏剧的兴趣，使我熟悉舞台，熟悉观众，熟悉如何写戏才能抓住观众。使我慢慢离开学科学的打算，终于走上从事戏剧的道路。"

方地山在津的日子

方地山出身书香世家，博学多才，善书法，精收藏，与其弟方尔威共称"二方"；曾任袁世凯家馆教师，与其次子袁克文（号寒云）成为莫逆之交，结成儿女亲家；通联语，尤擅即兴嵌名联，浑然天成，恰如其分，得名"联圣"；放浪不羁，时常出入烟花柳巷，并与许多妓女合影留念；1916年来津，1936年去世，在居津的20年中，广交津城各界名流。近期，笔者从

方地山

20世纪二三十年代的天津老画报中，发现了许多记述他的文字和图片，可以说是研究方地山和中国近代文化名人的珍贵史料。

在津三件事

方地山（1873—1936），名尔谦，江苏江都（今扬州）人，自幼聪颖好学。1916年初，袁克文因反对帝制惹恼了袁世凯而寓居津门，方地山随后也从北平迁入天津。因对政治的失望、对怀才不遇的绝

望，方地山在津期间主要做了三件事：收藏鉴赏、书法楹联、风流自娱。

方地山原就家道殷实，其弟方泽山兼办实业，为方地山早期的收藏提供了物质基础。来津后，方地山专好古泉，遂将旧藏中金石书画等名器，多数都卖出换成了古泉。他收藏的古币曾经称富一时，泉坛中的天成元宝、大蜀通宝和建炎元宝等极品、珍品，尽成其囊中之物。为了便于把玩，更为了安全，他总是把这些宝贝缠在腰间，即使是溽暑严冬也从不离身。后来，他与袁克文结成儿女亲家，双方订婚时，毫无仪式及世俗礼币之赠，两家只是交换了一枚珍贵古泉。

1931年3月，袁克文因患猩红热去世，年仅41岁。当时家中只有袁的几个弟子，因为事发突然，家人一时手足无措。正在此时，方地山来了，大家都觉得有了主心骨，推其为主办，方地山义不容辞。其中一个弟子说，曹仲三（曹锟）家有一口已经上了朱漆的上好楠木棺材，如果先生出面去求，应当不会拒绝。于是，方地山亲往曹府。曹家慨然应允。初要价1800块大洋，商议后减为半价，曹氏随奠礼300元。因此，袁克文附身之具只费600元。凭吊后，与其前不久去世的爱妾眉云一并葬于西沽江苏义园。这块义地此前也曾与人涉诉，是方地山出面周旋，才免遭被毁，袁克文也才得以在此安息。方地山抽笔亲书碑文：袁克文之墓。挥泪撰联："谁识李峤真才子，不见田畴古世雄。"

方地山的联语古朴拙实，不仅对仗工整，平仄协调，尤以嵌名联著称于世。北大著名历史系教授周一良评价为："善诗词，尤善于联，雅言俗谚，情文相生，信口而成，闻者惊服，人称联圣。"他几乎为20世纪二三十年代活跃于津门的各界名流都题写过嵌名联语。他常把自家寓所当作抒发情怀、宣泄情绪的所在，曾题联："乾坤做个房栊睡，不足回转卧有余。"世人妙称为"黄绢幼妇之辞"！他生不逢时，晚年窘迫悲凄，竟在新春佳节之际自题门联："埋怨无地，泪眼看天，叹事事都如旧日；剪纸为花，搏泥作果，又匆匆过了新年。"

方地山为人疏狂，喜爱狎妓冶游。他的风流却不是一般的皮肉与金钱的交易，他遵循古代的嫖经，讲究与众不同，追求嫖妓自娱的境界。他留世的嵌名联语中许多是赠给青楼女子的，在调侃戏谑之中不失妙语天成，更能在寄情遣兴中流露出真性情。方地山性豪迈，喜诙谐，待人谦和有礼。凡求联者只需准备一张纸、一支笔，他就会一挥而就，即使是不相识的路人也是来者不拒。他不但给妓女题联，老鸨、龟奴求联时，他也是有求必应，所署上款必为"仁兄大人"！其无阶级观念和玩世不恭，由此可见一斑。晚年的方地山须发尽白，但精神矍铄，毫无龙钟之态。每遇友人召饮必到，饮啜辄过常人。席间，纵谈古今，若决江河。因此，友辈聚饮，如果没有他在座，大家都觉得不过瘾、不尽欢。

得意弟子魏病侠

方地山生前弟子众多，最得意的有两个，一是尽人皆知的袁克文，另外一个就是天津《风月画报》的主编魏病侠。

魏病侠，浙江省绍兴诸暨人，笔名三哥，或许是因为他在家排行老三，同时期的天津文人都叫他魏三，在花街柳巷里姑娘们都喊他"王八"。生卒年月、家庭情况等，史料不详，无从考证。据其留存下来的图片推测，他大概出生于1910年。他曾任《天风报》主笔，为天津永兴国剧社社员，经常在春和大戏院登台演出。

1933年1月1日，津门名士叶庸方出资创办《风月画报》，魏病侠担纲主笔。他办《风月画报》，以风流自居的方地山最为卖力，尽全力帮助他。他经常为画报投稿、提供图片，方地山的书法作品和他提供的清末名妓、当代名妓的玉照屡见报端。画报周年庆典宴会，

方地山与魏病侠

永兴国剧社必来助兴，方地山更是每次必到。席间，他不住地向大家作揖，嘱托各位为《风月》捧场。画报两周年时，他的祝词是："今夕何夕，只谈风月；耳得为声，目遇成色，不用钱买，惟天所赐；在昔聊止（指叶庸方），于今病侠，张生魏熟，大家努力；虫二（风月无边）之意，行于通国，光景无边，环球施及；际此二周，声名洋溢，登三宝殿，唱永兴剧。"三周年时，他赠两绝句为贺："只可谈风月，何能不用钱。魏三嗟已熟，虫二太无边。"方地山以自己的威望呼朋引类地号召了一批津城文人投奔到魏病侠麾下，他还教了魏病侠一个损招儿——下跪式约稿。魏病侠约稿时，未曾开言，先是咕咚一声双膝跪倒，然后再说约稿的事，您要是不答应，他就长跪不起。

《风月画报》曾几次停刊，屡度复刊。一次画报复刊时，方地山赠魏病侠联语："改头换面，消除病容，开口还须大方语；聚精会神，结交侠义，回头再看小香妃。"上联是对画报的祝贺，下联则有一段小故事。画报在刊登这则楹联的同时，魏病侠特将这段故事讲给了读者：他有个好友与名妓小香妃相好，那年秋天，好友南下回老家前，将小香妃托付给了他。遵照嘱托，好友走后，魏病侠时常到小香妃处探望存问。但后来因为画报事务繁忙，不获偷闲，魏病侠已有两个月未曾登门了。方地山获悉后，便有了这副对联。魏病侠最后说，或许以后永远不会回头再看小香妃了。

今朔挽方地山联："绛为位业多高弟，禺䇲官阶薄俸钱；食货平章饶雅癖，传灯佳话记因缘。"记述了方地山与魏病侠的深厚情谊。其自注曰："先生及门，多知名之士，袁克文、魏病侠诸君皆是。先生虽历任盐务官，而廉洁自持，家无余蓄。先生喜蓄古钱为玩，鉴别甚精，曾以大观泉一品赐病侠为纪念。"

方地山病重后，魏病侠、王诚斋等众弟子一直侍奉左右。一次，他们偶望窗外景色，遂拟成上联：水如碧玉山如黛。但苦思良久，竟无以属对。病榻上的方地山答道：云想衣裳花想容。成就了一段师徒结对的佳话。

方地山曾赠绝笔予魏病侠："苍虬画，点检别纸，镝记，可以登报。病床不敢污画，心耳。病侠。大方。"想是魏病侠曾交给他《苍虬》，请他写一些关于这幅画的点评和介绍的文字。在生命的最后时刻，还记得弟子曾经交代的功课，他很想尽力完成，但已是心有余而力不足了，只是告诉弟子，《苍虬》我已鉴定过了，可以登报。方地山将自己的绝笔留给

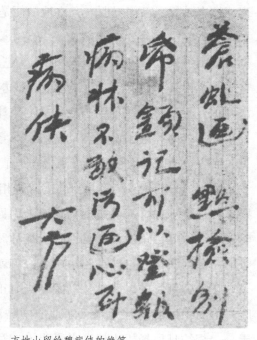

方地山留给魏病侠的绝笔

魏病侠，足见他对得意弟子的深深谢意，足见他二人的深厚情谊，足见弟子在他心目中的地位！

方地山去世后，魏病侠特在《风月画报》上以整整两大版的篇幅开辟《大方先生追悼专页》，刊登方地山生活照四幅，书法作品三幅，其生前收藏泉钱中最得意的、价值5000金的一品证圣元宝图，漫画家辛莲子、姚惜云之子姚齐的方地山画像。请颂洛（陈诵洛）、求幸福斋主（何海鸣）、梅花道人、今朔、伯龙（王伯龙）、半鲫、微尘（陈微尘）等社会名流撰文追悼，以告慰恩师在天之灵。

大罗天巧遇巢章甫

巢章甫（1910—1954），名章，字章甫，号海天楼主。祖籍江苏武进。早年曾拜词人、藏墨家向迪琮，名篆刻家寿石工为师，入北平湖社画会，1936年入大风堂拜张大千为师。1929年前后来津，广交津城书画界、新闻界朋友，方地山便是其中之一。方地山去世后，巢章甫曾在《逸经》杂志撰文《一代才豪方地山》、在《风月画报》撰文《闲话大方》，追忆他二人相识、交往的情景。

巢章甫来津前就与《北洋画报》创办人冯武越相识，为此，《北洋画报》上经常刊登他的书法作品。来津后又成为《风月画报》的撰稿人。当时方地山已是名动全国，巢章甫久有所闻，只是无缘相见；而方地山则是通过这两家画报知道了巢章甫其人。

某年冬日的一天，巢章甫与冯武越相约到日租界大罗天去淘宝，路上巧遇方地山，冯武越遂为他二人引见。神交已久的他们双手立时握在了一起，正所谓相见恨晚！巢称颂方的楹联与收藏，方赞赏巢的书法与文字。这样在路边站着一聊就是半个多小时，竟然忘却了站在一旁等候的冯武越！冯武越当时正是久病初愈，尽管穿得很暖，但时值隆冬，让他在天寒地冻中陪着，他俩都感到过意不去。于是，相约日后择机再谈。巢章甫没有写当时是哪一年，但从"冯武越久病新瘥"中可以推断，应该是在1932年。

从此，相差近40岁的方、巢结成忘年交。特别是1931年3月袁克文因病去世后，他二人来往更加密切。温文尔雅、善解人意的巢章甫时常到方地山家陪伴他、安慰他；巢章甫无论是从性情上还是书法风格上都与袁克文相类，方地山似乎从他身上看到了袁克文的影子。

袁克文在世时，每及方地山书法，他必为其抻纸拓印。袁克文去世后，方地山拓印多倚斜糊涂。巢章甫师从张大千时，常为老师代拟代缮应酬函稿，张大千的书画钤印也多由其钤红。方地山曾赠巢章甫数联，有嵌名联"巢父掉头不肯往，知章骑马似乘船"和"岂有文章，富贵不来少年去；聊吟梁父，山川依旧昔人非"等。一次，巢章甫向方地山求字，也为其抻纸拓印，方地山触景生情，不禁怆然道："吾今见子如睹寒云，况子书尤类寒云耶！"见到方地山叹惋伤心的样子，巢章甫不自觉地想起了他们在大罗天相遇时的一幕，想起了刚刚去世的好友冯武越。他二人又是一阵落泪神伤。

方地山常与巢章甫唠家常，说心里话。他曾回忆在袁世凯家做家教的日子。当时，深得袁世凯赏识，他二人说话很随便，且经常调侃。一次，袁世凯问他，我如果封你个官，你想要什么官呢？方地山想了想，卖关子说，我的要求恐怕要触犯你我数十年的交谊，从此坏了吾不忍公您的名声啊。袁世凯催促两三，方地山说，其实也没什么，只不过想请您给我换个差事而已。袁世凯又问，你想换个什么差事啊？方地山答道，知我莫若公，舍公其谁归？您只需每月发给我数百黄金，派我到八大胡同行走就好了。袁世凯听后哈哈大笑。讲这个故事时，方地山的脸上挂着得意的微笑。

也许是因为老了的原因，方地山常怀旧，思故人。他曾告诉巢章甫，自己曾有个弟弟，名尔威，字泽山，14岁举解元，诗词歌赋，兴办教育，振兴实业，无所不能，"吾弟如张翼德于万人中取项上人头如探囊取物，胜吾十倍"，自己收藏泉钱所费，多由其弟资助。只可惜他英年早逝了。说到此，方地山连连叹气。叹息弟弟的不幸，自己的不幸。

巢章甫在文章中回忆到，方地山生前曾赠张大千楹联七八种，其中有"世界山河两大，平原道路几千"一联。赠妓女来福一联曰："人既惠然肯，我亦自求多。""来福"这样一个至俗的名字，"出诸先生之口，雅而趣，且天衣无缝，非仙才曷可臻此"。

方地山去世后，巢章甫挽联三副："清风明月谁作主，酒仙联圣今何人""小凤西飞，渺渺孤怀难为水；大江东去，茫茫四海敦赏音""地荒天老当歌哭，小凤有约，胭脂三生空色相；山灵水深资卧游，大方无隅，文章千古独幽明"。署名今朔的作者曾在《风月画报》中《挽大方先生》一文中说"先生以悼姬人过哀，致伏病根"，想这个"姬人"应该就是巢章甫联中的"小凤"吧。

此后，巢章甫曾收集了散存于报刊、个人手中的方地山楹联，汇编成册，以追念先生遗风。

命运相类的何海鸣

何海鸣（1894—1944），本名时俊，字一雁，笔名衡阳一雁、求幸福斋主等，湖南衡阳人。作为中国近代社会言情小说家、文学"鸳鸯蝴蝶派"重要人物，他先后创办《爱国晚报》《民权报》《侨务》等报刊，自编《海鸣丛书》。他一生命途多舛，先是怀着一腔报国热情弃文从武，后又因体弱多病而弃武从文，穷困潦倒，死后竟无棺为殓。他一生漂泊，全国大江南北无不留下他劳顿的足印。他性格孤癖，思虑过度，却又广交朋友，革命党人、军阀政客、敌特汉奸、文人墨客、妓女嫖客等无所不交，他的夫人更是一名烟花女子。因为他的人生与方地山晚年生活颇多相似，故而，他发表在《风月画报》上的《不知所云》《风流销歇》等文章，不仅是对友人方地山的追忆，更多的是对自己不幸遭遇的无奈。

1930年，应《天风报》之邀，何海鸣偕夫人从沈阳迁居津门。自己寄居在朋友的一个陋室之中，夫人则借住在《天风报》馆的一间宿舍里。从其"侘傺无聊，惟深自韬晦"的文字中可以看出，何海鸣当时仍想成就一番大事业，在天津只是韬光养晦，以待日后的光芒四射。

何海鸣早与袁克文在北平相识，并且深知他与方地山的密切关系，对其仰慕已久。来到天津后，何海鸣得知袁克文就寓居在墙子河外。但他考虑到窘迫的现状，再加上他自卑孤傲的性格，因此，"未暇多往亲近，遂亦未专访地老"。他与方地山相遇是来津后四年的事情了。

1934年冬间，《风月画报》召集撰稿人在永安饭店春宴雅集，方地山与何海鸣同在应邀之列，因此二人得以相见。"席次，故闻名虽久，但相见恨晚。"此后，他二人经常在天津报界举办的各种宴会中相遇。随着频繁的交往，何海鸣愈加敬佩方地山，称其为"奇人"。"地老才气纵横，学深识广，或称为联圣，或誉为文豪，或佩其辨识古物、收藏泉币，为当代不多得之专家。"而相比自己孤僻内向的性格，他"则以为地老之最不可及处，是其大气磅礴、胸襟旷达，老年而犹有赤子之心，允称得天独厚，无丝毫虚伪矫揉处，予生平识名流亦颇不少，殊未见有此浑朴天真之奇人也！"

在他二人相识的一年间，"曾共宴叙数次，每谈无不尽欢。虽冷僻如予，一逢地老，终不期有枯木逢春之象"。一次，朱枕薪先生在自家府上请客，同席有张聊公、何海鸣和梅花道人等。方地山居上而坐，酒量宽宏，高谈阔论。主人知道方地山是扬州人，因此专门为他准备了一道菜——红烧狮子头，方地山食后连连赞道："好菜，好菜，这真是地道的扬州风味啊！"方地山1936年生日时，何海鸣自告奋勇，登台彩串了一折《汾河湾》，以为祝寿。方地山非常高兴，何海鸣也十足地过了一把戏瘾。当晚，他二人相约，此后每年方地山生日，何海鸣都要为其彩唱祝寿。但"谁知此乐可一而不可再"，方地山竟没能等到他们相约的第二个生日！

何海鸣经常羡慕方地山乐观豁达的性格，更羡慕他健康如壮年的身体。他自以为"以地老之为人，天马行空，俗尘不染，当如仙佛不老，必臻百年上寿"。然而，"事竟有大出意外者，与地老晤面只一年许，天竟夺斯人而去"，"即匆匆隐归道山也"。在为方地山遗憾痛惜的同时，何海鸣不禁感叹"今世文人之不易生存"，更慨叹自己与其极为相似的境遇，一样的卖文为生，一样的追求风流，一样的食不果腹，一样的被命运捉弄。物伤其类，何海鸣从方地山之死似乎看到了自己的未来，"以地老之天赋异禀，别有豪情，乃尤不能禁社会之摧残，俗情之煎逼，仅63岁即终至于呻吟侘傺以死。吾辈胸怀之不如地老，资质不如地老，达观不如地老者，从此将奚以苟延微命，偷生人间耶？"况且"自愧孤癖过甚，论年纵少于地老二十余岁，要必不能如地老之长生永在，自后尚何虑追陪之无日乎！"

陈微尘见证最后时刻

陈微尘（1896—1969），字振奇，湖北省浠水县人，出身于书香门第。幼时即饱读诗书，少时主攻医学，终成一代名医，并著有《老中医书》。进入民国后，随着西医在中国的飞速发展，中医渐受冷落，加之他对文学、收藏的兴趣与日俱增，尤其是1934年来津后，他在结交了方地山、魏病侠、王伯龙等天津文人后，便弃医存药，改弦更张，过起了以鬻文为主、从医为辅的文人生活。

陈微尘第一次与方地山相见是在1934年末《北洋画报》的雅集冬宴上。方地山当时身体强健，唯其姬人偶有微恙，更因其生活窘迫，无钱延医，常请陈微尘来家做无偿出诊。二人遂成挚友。

1936年11月中旬，方地山突患胃病，在家休养。就在他去世

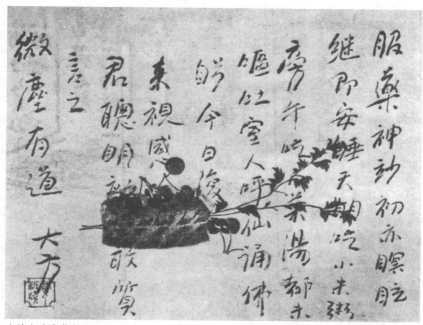

方地山致陈微尘函

前，陈微尘还曾到他家为其诊病。当时，方地山的精神并不颓唐，仍是一如从前那样健谈，他二人"长谈甚久"。方地山称赞自己的身体好是得天独厚，自称50岁前从来没有得过病，更没有吃过什么药，即便到了60岁"行动亦如少时"。说到兴奋处自然是他经历的那些男女之事，他得意地给陈微尘讲了几段自己年过甲子后"男女居室之事"。陈微尘听后"几令人不信为六十老翁所能为者，亦云奇矣！"

方地山晚年谈论最多的话题有两个，一是男女风流之事，二是自己的穷困潦倒。他对陈微尘说，一个人患病生疾算是小事，在贫困中受折磨是大事。自己"生平挥金总在百万以上"，也曾过着挥金如土、千金散尽还复来的生活。只是过了60岁才感到了生活的拮据，靠典当度日。就在上个月，他才将自己一生收藏中最得意一品古钱售出，也只换得3000元。他随买家到中国银行去取钱，还未走出银行大门，手中的3000元就已变成700元了！想必不是分给了随行的朋友，就是还给追账的债主了。他拿了这700元回家后，又"随意分散，各有所得，遂罄所有"。说到此处，方地山不禁暗自神伤地说，先生即使此时把我的病医好了，"物质不济，奈何？"你也是如我一样非富有之人，今天我才能与你畅所欲言，发发牢骚。如果是王伯龙、陈诵洛二位来看我，我就绝口不能谈及这些事了。因为他"二位厚我，时有所贻。一述及此，将累其接济，心殊不忍"。

通过这样一段话，我们可以窥见，一生视金钱如粪土的方地山，被无情、严酷的现实彻底击垮了，此刻，他已经把生死看得很淡了，·为与其这样在贫困中苦苦挣扎，还不如撒手人寰，一了百了！

陈微尘当日给方地山开了药，并强令他"服药三味"。不知是陈微尘的神药奇效，还是方地山因为得以倾诉而心情舒畅，次日一大早，方地山即感"恙小平，遂以函来谢"。方地山请陈微尘出诊无以回报，他唯一能表达感激之情的就是写字回馈了。

陈微尘在方地山去世后，在《风月画报》撰写《悼方地老》一文，并随文附上了方地山的这封"较平日所书，更觉工整有神"信函，以纪念他与方地山的"此一番因缘"。其函曰："服药神妙，初亦瞑眩，继即安睡。天明吃小米粥，旁（傍）午吃白菜，都未呕吐，室人呼仙诵佛，盼今日复来视。感君聪明，何敢质言之？微尘有道。"落款"大方"，用印。

1936年12月14日，方地山因患胃疾在家中去世，享年63岁。最为可贵的是，他在生命的最后时刻仍对家人和弟子诵读陆游《示儿》诗："王师北定中原日，家祭无忘告乃翁。"17日，在日租界东兴楼举行了吊唁仪式，四个儿子庆慈、庆凯、庆还、庆国和弟子等，与方地山做最后告别后，将其移厝西沽江苏义园。由于时间仓促，其生前好友多未能赶来哀悼，因此，在1937年1月17日下午4时，天津文艺、新闻各界复在东兴楼举行了隆重的公祭活动。

《风月画报》悼方地山专页

　　这期间，社会各界名流纷纷撰文或致联追悼方地山，《北洋画报》的挽联对其给予了充分的肯定："联堪称圣，书自成家，沽上早知名，遗墨顿成和氏璧；病已濒危，心犹念国，中原何日定，思君怕诵放翁诗。"

病因探讨

　　1936年12月15日《北洋画报》刊登了一则小消息《大方病逝》："以'联圣'著称之方地山（大方）先生，自上月忽患胃病，近半月病复加剧，竟于14日早6时余逝世，享年63岁。"方地山病中写给陈微尘的信中称："天明吃小米粥，傍午吃白菜，都未呕吐。"从这两段文字中，可以确定方地山因患胃病而死；从发病到去世仅一个月，从时间上推测极可能是胃癌。那么，在众人眼中"鹤发童颜、仙风道骨、精神矍铄"的方地山为何竟患上了胃病呢？

今朔在《风月画报》中《挽大方先生》中写道："玩世诙谐鹤发翁，清谈犹见晋人风；辋川旧感悲凝碧，白石新词失小红；噩梦曾经瑶佩冷，深情永怅凤楼空；三山丹药留先约，胜说朝云伴长公。"自注为："先生以悼姬人过哀，致伏病根，偶婴微恙，遂至不起。"因姬人去世过哀是原因之一。

枞木在《北洋画报·记已故方地山先生》一文中说："吾人常闻多言伤气，多欲伤身。而先生发言之多，若决江河，滔滔至数小时不倦；而于色欲，据谓兴之所至，无分昼夜，是则正犯'旦旦而伐之'之戒。此二者之足促其天年矣。先生之于对联，文字皆佳，允称妙手。赋性诚愿，凡索书者，未尝一拒。又好交游，招饮必至，席上即以纵谈为乐，饮食之果腹与否不顾也。宴罢，笔墨已陈，客皆纷请书联，并有代友而求者。于是先生昂首急思，得句疾写，联复一联，如机械之大量生产。至夜阑人散，始彳亍返寓。食时多言，已不卫生，食罢不稍休息，反用脑不已，更足致疾。此种生活已历十数寒暑，亦为促其天年之故。"其中记述了三个原因：多言、色欲和饭后用脑。

方地山的四个儿子在东兴楼吊唁父亲

今朔有联曰："暮年哀乐识艰难，历劫余生倏盖棺；北海琴樽伤寂寞，东山丝竹念孤寒。少微应宿光偏賫，世事如棋局已残；杜宇津桥啼不住，大罗回首忍痛看。"枞木也曾写道："先生有时处窘乡，多不肯为知交告，盖恐分鲍叔之金也。与余交尚浅，且知余清贫，偶亦就余闲话，语多不避艰困，尝谓：'（陈）诵洛、（王）诚斋待我至厚，（王）伯龙夫人常遣仆人馈小菜佐餐，老夫皆甚德之。'"方地山曾对陈微尘说："此时，即是病好，物质不济，奈何？"伦明的《辛亥以来藏书纪事诗（外二种）八八、方尔谦》中有"旧日豪华识尔谦，乱书堆呈拥红颜。十载津门阻消息，白头乞食向人间"之句。晚年的艰难生活也是原因之一。

何海鸣的《风流销歇》一文则更为深刻地分析了方地山的精神世界：近年来，娼门旧制毁灭无遗，私娼、舞女、歌姬辈代而兴，青年人均沉迷于"怀欲"二字，力求痛快解决，现钱交易，不再对繁缛文字感兴趣。娼妓业也因了经济的压迫，不得不自撤藩篱，贬节相从，为金钱而无不可牵就。文人们崇尚的嫖经一时失去了效力，而最擅此绝学的方地山更是没有了用武之地，反被妓女讥笑为酸腐。故而，方地山感到了真切的无聊与失落，一种"风流不得之苦"油然而生，再没有了以往通过嫖妓而达到自娱，在自娱中找到偷生中的唯一快感了。于是，方地山的精神世界垮了！这是方地山的悲哀，更是那一代自诩风流的文人们的悲哀！但那是时代的发展潮流所趋，没有人能够挽回。

何海鸣的分析可以从魏病侠记述的一件小事中得到印证：1936年，曾有一个叫秋升美七的妓女脱离领家自树艳帜，想更换一个花名以示自立。遂通过魏病侠想请方地山取一新花名。方地山给她起了"美于回""美成""美龙"等三个花名，任其自选。魏病侠认为"美于回"最佳，有"味美于回"之意，隐含熟客不断。但姑娘不谙风雅，讹称让人听起来好像是只让客人"美一回"，以后绝不再来之意。后竟自取"嫣然"为名。方地山获悉后不禁连连扼腕长叹：世风日下！

笔者看来，胜他十倍的弟弟方泽山、亦师亦友亦伙伴的袁克文、相以为伴的爱姬小凤，这三位亲人的相继去世；曾经挥金如土与晚年生活窘迫的巨大反差；空怀一腔报国志，一生无以为舒展；晚年想以风流自娱做最后的精神寄托，却又被无情的现实抛弃。所有这些都可以成为他胃病的诱因。

诚然，生老病死，人之常情，也是自然规律，谁也无法逃避。

古籍、邮票、古泉收藏家袁克文

袁世凯的二公子袁克文，多才多艺，才高八斗，诗词、楹联、书法、绘画无所不能；他酷爱京剧、昆曲，以饰演小生、丑角见长，为梨园界著名票友；他对中国传统文化情有独钟，日斥万金，收藏古籍、古钱、邮票、金石、书画；他视富贵如粪土，视仕途为畏途，叛逆地做了青帮最大辈分的"老头子"；他风流倜傥，放浪不羁，与恭亲王奕䜣的孙子溥侗、河南都督张镇芳的儿

袁克文

子张伯驹、东北王张作霖的儿子张学良并称为"民国四大公子"。他虽只活了41个春秋，却给世人留下无数的传奇故事。

风流倜傥 放浪不羁

袁克文，字豹岑、抱存，号寒云，1890年生于朝鲜。母亲为朝鲜人，袁出生后不久就过继给了袁世凯的姨太太沈氏。自幼聪慧，6岁识字，7岁读经，10岁做文章，11岁能诗赋，有"神童"之称。15岁来津，在3年居津的日子里，入北洋客籍学堂学习，师从名士严修、方地山，学业大长。18岁任法部员外郎，这是他一生中唯一一次为官。随着宣统即位，袁世凯被罢官，他便弃官随父回了河南

名票袁克文

彰德洹上村。

袁世凯一生爱好戏曲，时常出入戏园，袁克文耳濡目染，对戏曲产生了浓厚兴趣。他系统学习了唱、念、做、打戏曲基本功，虚心求教于孙菊仙、程继先、肖长华、程砚秋等京剧界前辈，唱得一口好昆曲，初唱小生后改丑角，拿手剧目有《卸甲封王》《游园惊梦》《长生殿》《审头刺汤》等。因"度曲纯雅，登场老道"，而成为戏曲界名票。他精通音律，深通戏曲奥妙，在《游戏世界》上开辟《寒云说曲》个人专栏，解析戏曲内容，评论唱腔设计，评说演员功底。1918年更创立了票房"温白社"。

袁世凯任民国大总统时，袁克文随父来京。时常与方地山、董宾古等名士赋诗填词，所作诗赋数不胜数。但因以诗"绝怜高处多风雨，莫到琼楼最上层"，反对父亲称帝而触怒了袁世凯，父子关系从此疏远，受困北海禁止与名流往来，终日以记录起居、交游、遗闻、政治等项活动消磨光阴，后集成《寒云日记》10余册，可惜今多已散佚。后迁居上海，加入青帮，成为比黄金荣、杜月笙辈分都高的"大"字辈"老头子"，在津沪两地广收门徒。

1916年袁世凯死后，袁家迁居津城。袁克文多次借饰演《惨睹》中的建文帝，宣泄自己的悲伤之情。此后，他不断游离于京津沪之间。1925年再度来津，在今成都道93号的一幢二层小楼居住两年。广交津城名士，与《大公报》主笔张季鸾、小说家刘云若、记者王小隐等成为挚友。在张学良出资创办的《北洋画报》上，陆续发表词章、书画作品。

袁克文晚年定居天津，在旧英租界租房居住，生活拮据，以书写屏联和画扇面的收入维持生活。1931年3月，因患猩红热后转肾炎，病逝于河北区两宜里袁宅，终年41岁。

收藏之速、藏品之精无人能及

袁克文收藏古籍，不以多为能，而以精取胜，以收藏宋元本古籍著称，而且多为名家故物，珍籍秘册，装潢古雅，刻工精湛，为近代各收藏家推崇。

1912年，清末藏书家盛昱郁将其所藏宋本悉数转让给友人完颜景贤，其中宋张孝祥撰写的《于湖居士文集》40卷，薄绵纸精印，刻工刚劲，墨色淡古，为海内孤本。袁克文闻讯后立即赶到完颜家以重金收购，唯《于湖居士文集》完颜不肯轻易出售。一时各收藏家竞相登门争购，吴昌绶出价400银圆求购不得，张元济许以1000银圆也未能成交，傅增湘更是苦费心计，"再四往审视"，最后此书还是以1200银圆卖给了袁克文。

时间不长，袁克文就萃集了按页论价的宋版书百余种，名其藏书楼为"百宋书藏"，迅速增至200部，遂更名为"皕宋书藏"。后又增收了宋代巾箱本（巾箱是古人放头巾或零碎杂物的小箱箧，这种版本的书版面较小）《周易》《尚书》《毛诗》《礼记》《周礼》《孝经》《论语》《孟子》等八部经书，这八部书字画细如发丝，精丽无比，袁克文十分喜爱，专辟"八经阁"庋藏。一时云集京城的海内名家，纷纷前往观视，赞为"建本之至精者""延令书目冠首之书"。

袁克文除藏宋本外，还收有一些元、明、清各代版本之精品。清影写宋刊本《汉书注》100卷，是藏书大家毛晋从宋椠本所影写，格式大小一如宋本，字体尤为遒劲，笔画更与宋椠本无异。民国初年，该书售价已达2000银圆。袁克文对它早有耳闻，1915年，当获悉该书正在上海出售时，他立即派人火速前往，以3000银圆购得。书捧在手上时，袁克文兴奋异常，欣然题跋"披阅一过，头目

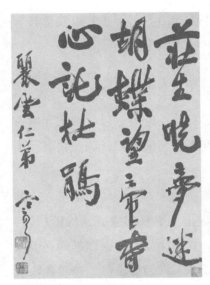

袁克文书法

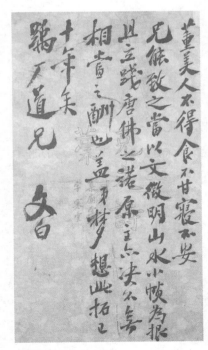

袁克文手札

俱爽"。

由于"皇太子"的身份和超强的经济实力，袁克文收藏宋元本古籍，无论贵贱，一律收购。各地书贾闻风而动，争相趋售。其聚书之速、藏书之精，令当年各藏书家望尘莫及，即使如傅增湘等前辈大藏书家，也只能自叹不如。数年后，他竟一跃成为北方藏书名家。

受老师方地山的影响，光绪末年，袁克文对古钱币产生了深厚的兴趣，1916年，开始收藏和研究。其搜集之广，考证之精，在收藏界自成系统。他收藏的王莽布泉、铅泉、银泉金错刀、宣和元宝银小平泉等，均为古泉界不可卒得之精品。除古泉外，他还兼收并蓄70余国200余品古今金银币、纸币，均以精楷题注，合为《世界古今货币一斑》，共装拓两部，一部自存，一部转让他人。

他对古泉的研究文章多数刊载于上海《晶报》《半月》等刊物，《古泉杂诗》数十首则在《小京报》上连载。他还撰写了《泉简甲编》《古逸币志》《泉撮》《述货》等专著。由于文章短小精致，文辞清雅，极富知识性、趣味性，一时颇得读者称誉。

袁克文从1926年初开始集邮，先是经天津邮商张维廉以1000银圆的价格，从德国侨民苏尔芝手中购得数千枚袋票，通过外国邮票上的国徽标记、文字辅助辨认外国钱币。后受集邮家周今觉编著的《邮乘》的影响，涉足中国邮票的收藏，尤其着重收集早期华邮的珍品、孤品。他利用特殊的社会地位，时常赴中华邮票会物色邮品，每遇佳品，必倾囊而购。在集邮生涯达到顶峰时，他曾在中华邮票会会刊《邮乘》上刊登"征求广告"，公开高价求购所需之品。因此，很快就成为显赫一时的邮票集藏名家。

他藏品中的库伦寄北京实寄封，销"蒙古库伦己酉腊月初四"，是蒙古初设邮政第一次寄出的首日封；1886年自天津寄往德国，背贴海关大龙五分银，正贴法国25生丁邮票，均为奇珍异品。而"红印花小壹圆"旧票、大龙阔边邮票全套、大龙邮票实寄封一批及"民国四珍"等世间罕见之邮品，也尽被他收入藏室。

袁克文不限于邮票收藏，还撰文深入理论研究。每得一枚藏品，必详细记述邮品获得过程，判定其价值。1927年，他曾为上海《晶报》撰写《说邮》49篇，每期连载。自述集邮经历，鉴定、评述珍贵邮品，堪称中国集邮史上一部珍贵的参考资料。所以，新中国成立后还被集邮书刊多次重载。

此外，他还收藏书画、金石、甲骨等文物，更因收得北宋王晋卿的《西蜀寒云图》而自号"寒云"。

方地山影响了他的一生

对袁克文一生影响最大的莫过于他的老师方地山了，他们既是师生，又是挚友，更是儿女亲家。1915年，方地山落户津门，主持《津报》笔政。后得袁世凯赏识，被聘为家庭教师。在五龙亭袁家专馆，方地山与袁克文一见如故。方地山恃才傲物，淡泊名利，桀骜不驯的脱俗性格，深深吸引了袁克文。他们终日与诗书为伴，饮酒联诗，纹枰对坐，还以某典出自某书来设局赌胜负，以各自珍藏的古钱币做花红，胜者自喜，负者无忧。就这样，他俩在一生中最闲适的一段时光里成为莫逆之交。也正是在这种无拘无束的交往中，袁克文的才情与天性得到了充分的展示，逐渐形成了风流倜傥、豪放不羁的性格。

一日，袁克文收到一幅未署名的"大昊天世"古钱拓片，他立刻意识到这是精于此道的方地山送来的，要和他一起研讨古泉的奥妙。于是，他经过查阅资料，认真研究，将自己的见解寄给了方地山。后经双方详细考证，终于探明了这枚古泉的历史渊源。他们独特的观点、严谨的论述令各古泉名家折服，在古泉界一时传为佳话。袁克文欣然为拓片写下洋洋数千言的跋语，以记其事。

后来，袁克文之子袁伯崇娶方地山之女方初观为妻。他们冲破世俗，免去聘礼，两亲家只是交换一枚珍稀古泉，就算是完成了定亲之仪。方地山即兴作联："两小无猜，一个古泉先下定；万方多难，三杯淡酒便成婚。"

袁克文病逝后，方地山悲恸欲绝，挥泪撰联："谁识李峤真才子，不见田畴古世雄。"

过眼云烟　昙花一现

袁克文的藏品虽丰，但却如过眼云烟，昙花一现，聚散俱速，如野云鹤影，杳无踪迹。袁世凯死后，失去了经济支撑的他，陆续将藏品转让他人，及至晚年寓居天津时，他已是两手空空，身无长物了。

1916年后，袁氏家族政治势力衰落，当时寄寓上海的袁克文藏书兴趣随之锐减，更因生计日窘，不得不将其珍藏的善本古籍或抵押或转让。他的藏品宋刻本《唐女郎鱼玄机诗》，为清人黄丕烈旧藏，楮墨芳香，触手若新，有多位名家题跋，是袁克文当年费尽心机以800元收购的。但因急需现款，他只得忍痛将该书和一箧古钱币一同抵押给了友人潘明训，得钱3000元。傅增湘闻讯后找到他，想以高价收购，袁克文遂将该书赎回，转卖傅增湘。新中国成立后，该书几经辗转落户于北京图书馆。名家伦明也不禁感叹道："一时俊物走权家，容易归他又叛他。开卷赫然皇二子，世间何时不昙花。"

1927年，军阀张宗昌委派袁克文携带3万银圆赴上海办报。到上海后，他每遇珍品邮票，不吝重价竞购，不到一年，就将办报款全部挥霍，被通缉后，他被迫廉价典卖全部邮品，仓皇逃离上海，从而结束了短暂的集邮生涯。据说，美国邮商辛纳尔以7000元现洋收购他的邮品，这个价钱还不及藏品市价的一半呢！而他的古泉收藏，后来也悉数抵押给了金城银行。

1931年袁克文去世后，葬于天津西沽。全国数十家报刊登载消息和刊发悼念文章。出殡时，自两宜里至西沽墓地的送葬队伍绵延数里，蔚为大观。方地山手书的碑文"袁寒云之墓"，寥寥数字，了却了一代风流才子的传奇一生。

木犀轩主人李盛铎

李盛铎

他出生于书香门第，世传藏书家风，四代藏书近10万卷，藏室"木犀轩"更是名动天下；他曾被世人称为"近代四大收藏家之一""中国唯一大藏家"；他对所藏善本逐一校订，考证著者生平，记叙得书经过，介绍版本价值，编撰《木犀轩收藏旧本书目》《木犀轩藏书目录》等10余种藏书目录。他就是木犀轩的主人，我国著名收藏家、校勘学家、版本学家、目录学家李盛铎先生。

四代藏书　名动海内

李盛铎，字椒微，号木斋，1858年生于江西九江。自幼聪颖，勤奋好学，5岁读四书作诗文，11岁读《说文》《经典释文》及《四库全书总目提要》，12岁就能写作漂亮的文章，17岁时即在江西文坛崭露头角，20岁与归安石子韩宗建合编刊成《俪青阁金石文字》。1879年乡试中举，1889年会试中甲进士，历任翰林院编修、国史院协修、京师大学堂总办、江南道监察御史、驻日本使馆公使等职。

辛亥革命爆发，袁世凯篡夺了大总统宝座，李盛铎被聘为大总统顾问，并先后担任了参政院参政、国政商榷会会长等职。在此期间，纂修了一部家乡县志——《德化县备考》，今科学院图书馆藏有其稿本。1920年退隐津门，从此不问政事，唯往来于京津书肆，一心收集古籍。

李盛铎藏书始于曾祖父李恕。李恕，字卉园，为清道光年间的贡生，喜藏书，并于道光初年在江州（今九江）谭家坂建书斋木犀轩，藏书逾10万卷，只可惜毁于太平天国的战火之中。李盛铎的父亲李明墀，字玉阶，号晋斋，九江府学廪膳生，曾任难荫县知县，后改授兵部员外郎，官至湖南、福建巡抚，"生平好藏书，廉奉所余，辄购置经籍，所藏多至数十万卷"。著有《抚湘奏稿》《抚闽奏稿》《晋斋尺牍》等书。为将藏书家风传薪后代，常命李盛铎"搜集名家著述，有关经学、小学者汇刊丛书"，即李盛铎所辑刻的《木犀轩丛书》。自幼受家庭熏陶，耳濡目染，李盛铎遂继承祖业，12岁开始购书，抄书、校书多部。出使日本期间，结识日本目录学家岛田翰，在他的帮助下购买了大量日本、朝鲜的古刻本、旧抄本和一些中国流散到日本的宋元刊本。晚年寓津后，他的收藏事业步入黄金时期，宁波范氏、商丘宋氏、意园盛氏、长沙袁氏等众多私家藏书，均被他收购庋藏。木犀轩藏书名震全国。

木犀轩是李氏藏书的总堂号。此外，李盛铎还根据古籍的不同性质分类收藏，分类后的藏室也都有

钱恂等致李盛铎书札

木犀轩主人李盛铎

堂号。如藏先代遗书之所称"建初堂"，藏御纂钦定图籍之所称"甘露簃"，藏先贤遗著之所称"古欣阁"，藏师友翰墨之所称"俪青阁"，藏写经及名人墨迹之所称"延昌书库"。而李盛铎著书之所称"凡将阁"，潜修之所称"师子庵"，与弟子讲学之所称"安愚守约之室"，等等。

19世纪末20世纪初，清王朝风雨飘摇、摇摇欲坠，大内档案库房由于年久失修而两次出现库墙坍塌事件。1909年，为整修内阁大库，朝廷决定将所存大批档案移出库房全部焚毁。学部参事罗振玉奉派赴大库检取有关书籍，从中发现以满、蒙文字详细记载辽、金、元、明四代历史的珍贵史料，内容涉及"边务战事"的明代题本稿，清初开国要略，清代诸位皇帝的朱批奏折，以及与朝鲜、日本等国的外交档案等。学术造诣颇深的罗振玉马上意识到了这批档案极高的历史价值和学术价值，随即上奏朝廷请求撤销焚毁令予以妥善保管，清廷准奏后交由学部代为管理。

北洋政府成立后，这批档案改由教育部接管。1916年，教育部决定成立历史博物馆，将其中较为完整的档案挑选出来放置在故宫午门楼上，剩余档案装入麻袋堆放在端门门洞之中。1921年，教育部、历史博物馆以经济拮据、经费紧张为由，将存放于故宫端门门洞内的大部分档案（约15万斤），装了8000麻袋，作为造纸原料，以4000银圆的售价卖给北京西单同懋增造纸店。翌年2月，当得知该纸店正在陆续出售这批档案时，收藏家罗振玉极为震惊，遂以原售价的3倍将其买回，运抵天津。

"八千麻袋事件"的发生，在社会上引起轩然大波，舆论鼎沸，北洋政府一度成了千夫所指、众矢之的。据说，当时政府也曾想从罗振玉手中购回这批档案，清史馆也意欲收藏，但都遭到了罗振玉严词拒绝。然而，1924年，罗振玉却又如法炮制，将大部分档案以1.6万银圆转卖给了李盛铎。李盛铎经过近一年的挑选，精选出部分珍贵史料收入木犀轩，将6万件档案献给了末代皇帝溥仪。其余部分则因其没有财力和精力整理而以1.8万银圆转卖给中央研究院历史研究所。这批珍贵史料遂成为木犀轩收藏的重要组成部分。

在李盛铎数十年如一日的不懈努力下，散失多年的珍本、孤本也被他大海捞针般地收入藏室。《大定新编便览》二卷是极为罕见的星命古籍，近代众多藏书家的藏书目录中对它都没有著录过。1917年春，李盛铎在一个偶然的机会购得其中的一卷。此后的日子里，他一直苦心孤诣地四处搜寻。功夫不负有心人，8年后，当终于觅到该书散失部分的踪迹时，他长途奔袭多个城市，最后终于在北京高价购得此书。多年的夙愿终于变成现实，他不胜狂喜，欣然题跋："延津剑合，何其幸也！"

但李盛铎收藏古籍也并非一帆风顺，1893年任江南道监察御史时，他的扬州寓所遭受一场大火，200余筐藏书均被祝融所收，其中多为世间不经见的宋版书和明代珍本。这次灭顶之灾令李盛铎痛惜不已，大病数日。但不久，他即从心灰意冷中走出来，打起精神，重整旗鼓。

李盛铎耗尽毕生心血，矢志不渝地收藏古籍。至20世纪30年代，他的藏书已达9000余部、58000余册，其中宋元古本约300部，明刊本2000余部，抄本及手稿本2000余部。《太平圣惠方》《医说》《杨氏家藏方》《永类吟方》《孙真人急备千金方》等古代医学书籍均为我国罕见之本。由于他精鉴赏、富收藏的昭然成就，而与叶恭绰、罗振玉、傅增湘等共称中国近代四大收藏家，近代藏书家伦明称之为"吾国今日唯一大藏书家"。近代诗人黄秋岳（黄濬）在民国著名笔记《花随人圣庵摭忆》一书中也给予李盛铎很高评价："近日藏书，世称傅沅叔（即傅增湘）之藏园，然以予所知，尚未逮李木斋先生之精。"

广交朋友　精于研究

李盛铎定居天津后，经常出入京津书肆，广交全国收藏界朋友，傅增湘、陶湘、周叔弢等近代藏书家都是他的座上客，时常向其求教。袁世凯的二儿子袁克文热衷收藏文物，金石、甲骨、古泉、古籍、邮票等均为他所爱，在很短的时间里就收得宋版书200余部。但他却博而不专，在广收博进的过程中难免会购得劣品、赝品，为收购真品、珍品，他特拜李盛铎为师，每次收购古籍时总要请李盛铎"掌眼"。从李盛铎为袁克文的藏书撰写了13篇题记，也可见他们师生友谊之一斑。

李盛铎是藏书家，也是校勘学家、版本学家、目录学家。他对所藏善本，皆逐一批订，或考证著者生平，或品译著述旨趣，或叙述得书经过、收藏源流及版本价值。所写"题要""题识"计1500余条，约15万字。编撰《木犀轩收藏旧本书目》《木犀轩藏书目录》等10余种藏书目录、藏书人表。其中1916年，他为袁克文藏宋版两浙东路茶盐司刻本《礼记正义》所作题跋，首次提出了"注疏合刻于黄唐"之说，这一见解在版刻史上有着极其重要的学术价值。

古籍归宿不同

李盛铎晚境艰难，自1935年开始，木犀轩藏书陆续散出，或转让他人，或抵押于银行。1937年李盛铎因病去世不久，外国人与其后人联系，企图以重金收购木犀轩收藏。为防国宝外流，当时北平图书馆馆长袁同礼曾邀傅增湘、胡适赴天津与李家洽谈，计划以30万元收购，但因与李家开出的60万元差距较大，再加上抗战爆发而搁浅。1939年李盛铎之子李滂在天津汪伪政府任职，旧事重提，结果由临时政府以40万元整体收购，交北大图书馆收藏。

1950年，由著名版本学家赵万里等完成了《北京大学图书馆藏李氏书目》3册的编印工作，1956年正式出版，编入《全国善本联合目录》。从此，李氏藏书为世人所知，为世人所用。1985年，北京大学图书馆古籍特藏部主任张玉范编印出版了《木犀轩藏书题记及书录》。她在附录中写道："李氏藏书经、史、子、集俱备，其数量之多，质量之高，内容之广泛，都是许多藏书家所不及的。"

嗜古如命的罗振玉

他善藏文物，以收藏近3万片甲骨而名列众甲骨收藏家之首；他喜研文史，从殷墟甲骨、汉晋木简、墓志铭文，到清宫中所藏历代图书、历史档案等，他都有系统的研究，著作颇丰；他是敦煌学的奠基人，在

罗振玉（右）与王国维在日本京都净土寺町永慕园合影

敦煌遗书的搜集、保存、整理和研究方面，时间之早，贡献之大，堪称我国第一人；1919年至1928年这10年间，他一直居住在天津，大量文物都在这一时期获得，许多著述都在这里完成，宦海生涯也从这里走向"辉煌"。他就是中国近代著名金石学家、文物收藏家罗振玉。

亦学亦宦

罗振玉，初字坚白，后改字叔蕴、叔言，号雪堂、永丰乡人，晚号贞松老人、松翁，江苏山阳县（今江苏省淮安县）人，1866年生于晚清旧官僚家庭。他自幼受到严格的家庭教育，4岁入塾习经，见地过人，15岁时回上虞应院试，中秀才。酷爱金石文字，常征集拓本，搜购器物，考订经史。17岁时即为《金石萃编》一书订正补阙，校碑700多通，编写《金石萃编校字记》。19岁时更有《读碑小笺》《存拙斋札疏》问世。此后又相继编著《眼学偶得》《五史校议》《干禄字书笺证》等。青年时代由于他过多地把精力集中于金石文字之学，因而荒废了科举，曾先后两次参加乡试均告失败。1890年后在乡间做了5年塾师。1896年在沪办农学社，搜集翻译外国农学著述，创刊《农学报》，创办东文学社，深得两江总督刘坤一赏识。

1900年受到湖广总督张之洞的器重，被聘为湖北农务局总理兼农务学堂监督。1901年在湖北创办《教育世界》杂志，不久东渡日本考察，归国后转任上海南洋公学东文科监督。1903年被聘为两粤教育顾问，创办江苏师范学堂并出任监督。1906年入京任学部二等谘议官，1909年补参事官兼京师大学堂（今北京大学）农科监督。1911年辛亥革命爆发，与王国维等避居日本，从事学术研究，这一时期是他潜心学术著述的高潮期，每年必成书数种，文若干篇。1919年归国居天津。1921年，参与发起组织"敦煌经籍辑存会"。1924年奉溥仪之召，入值南书房。

"九一八事变"后，他以清朝遗老的身份积极保护溥仪，同日本军政要人勾结，劝说溥仪出关，筹建伪满洲国。1933年6月出任伪监察院长，10月任满日文化协会常任理事、会长。1937年3月辞职获准，返回旅顺寓所闭门著书，整理所藏文物史料。1940年5月14日，因风寒转肺炎而死，卒年75岁。

居津十年

来津之前，罗振玉派长子罗福成先行到津租觅宅院。津门绅商金浚宣虽与罗振玉未曾谋面，但仰慕已久，情愿将私家闲宅集贤村借给罗家居住。1919年5月，罗振玉抵达天津后，便在集贤村安家，其中3栋小楼专门用于庋藏大量的史料、档案和各种文物。

一年后，举家迁居嘉乐里新宅。罗振玉嗜古如命，在保藏文物、古籍上有着笃之弥深的热情，对清帝的书画尤为珍视，他特意复制了清帝御赐的"寒岁"匾额，悬于寓所客厅之中。

在这栋楼里，最常出现罗振玉身影的地方就是书房，那里是他收藏与研究的乐园。1923年盛夏，罗振玉几经周折，收藏到了唐代著名书法家元次山（元结）的遗砚，上书"聱叟"两字铭文。兴奋之余，他遂将自己的一间书房命名为"聱砚斋"，并请儿女亲家王国维作《聱砚斋记》。1924年又将该器编入《雪堂所藏古器物目录》中。此后，他将书房分别命名为"二万石斋""四时嘉至轩""凝清室""吉石斋""赫连泉馆"等，以纪念他的收藏所得。

正是在这一间间清雅幽静的书斋里，罗振玉整理金石文字，校勘善本古籍，流传名家著述，整理大库档案，继续甲骨文考释和搜集，以及敦煌文书的研究。这期间，他共刊发了200余种500多卷书籍，其学术研究达到又一高峰，进而成为中国近代考古学的开拓者、敦煌学的奠基者之一。他曾说："自问平生文字之福，远过前人，殷墟文字一也，西陲简册二也，石遗书三也，大库史料四也。"这四件事中的完善甲骨学研究，整理保护敦煌文书，抢救大库史料，都是在天津嘉乐里的书房里完成的。

整理甲骨也是罗振玉在津期间的一项重要活动。来津后，他仍不断收集甲骨，当时他收藏的甲骨已达2万余片。1920年6月，罗振玉开始将所藏甲骨整理装箱。他精选出8000片甲骨，分别装在474

个盒子中，每盒16片左右。然后，他又将每42盒装一大箱，共10箱；每18盒装一小箱，共3箱；总计13箱。1928年，这些甲骨随着他的离津而移藏大连。据专家介绍，现在国内各单位尚藏有其中的

殷墟博物馆所藏妇好墓出土的文物

5883片，计山东图书馆84盒1234片，北京图书馆32盒461片，吉林省博物馆11盒206片……遗憾的是，天津却难寻这些甲骨的踪迹。

他还利用新宅临街之便，开设了"贻安堂经籍铺"，出售的都是自印书籍，以罗振玉旅日期间在"永幕园"编印的古籍书册为主，每种印量不大。书铺由长子罗福成经营。因罗振玉"雪堂"大名名传华夏，加之所印书籍又非常考究，故而书铺生意很好，名气很大。

1928年秋，全家迁居东北旅顺新市街扶桑町，所有藏书、清宫大库档案、古玩字画、青铜器铭文等也同时运抵旅顺。

两次被张大千捉弄

罗振玉以收藏、鉴赏、研究闻名于世，但他也有"栽跟头"的时候，据说，著名画家张大千就曾两次捉弄他。

20世纪二三十年代，罗振玉曾将收藏文物中的一部分考校、出书后以高价出售，然后再去收购，循环往复。这本无可厚非，受世人指责的是他常将文物售与外国人，使中华民族的文化遗产流失海外。鲁迅先生就曾说过，罗振玉"痛责后生不好古，而偏将古董卖给外国人"。为此，最擅模仿石涛画的张大千就想让罗振玉买一回赝品，以此也教训教训外国人。

旧时，有一种专门挂在卧房炕头的画，俗称"炕头画"。由于卧

室外人不能擅入，挂在这里的画只供自赏，不过填填空处，遮遮墙壁而已，取材也大都是一些花草、虫鱼、动物小品。故而，是被行内公认的最不值钱的画。张大千深知用山水大幅画很难骗过罗振玉，便仿制了几幅石涛的炕头小画。画好后，通过朋友故意转了几个弯子，在似乎不经意中让罗振玉看到了这几幅画。罗振玉万没料到，造假人竟能如此"受累不讨好"地伪造这不值钱的炕头画，遂以高价收购了这几幅"假石涛"，后转卖给了日本人。

一次，张大千到罗振玉家看画，对其中一幅石涛画的真实性提出了质疑，脾气暴躁的罗振玉居然指着张大千的鼻子大骂他"无知狂妄"。年轻气盛的张大千遂萌生了用自己的笔骗罗振玉的眼的想法。

罗振玉曾收藏八大山人的八幅行书屏条，总想搜求石涛的八幅画屏作配，却一直未能如愿。一日，忽从上海传出一个轰动画坛的消息：在某没落世家的故宅中，发现了石涛的八幅山水巨构。罗振玉闻讯后，立即让画商打电报到上海，通知对方送原件来看。几天后，送来了一幅，望眼欲穿的罗振玉终于盼来了一幅，小心展开观看，竟与自己所藏八大山人书屏的尺寸恰好吻合！罗振玉认为这是天赐的一段"翰墨因缘"，不假思索地就把这一幅留了下来，并让对方将其余七幅

罗振玉甲骨书法　　　罗振玉篆书轴

尽快送来。经过一个月的往返砍价，终以5000大洋成交。

得了这八幅石涛巨构，罗振玉踌躇满志，得意非凡。重新装裱后，特设盛宴款客赏画，张大千自然也在被邀之列。当主人夸耀、客人艳羡时，张只是埋头大嚼。待到酒阑人散，留在最后的他才开口说话："这八幅石涛画么，有点靠不住！"罗振玉听后，仍旧大声咆哮："什么！你说什么？""罗老师息怒！这八幅画稿和图章都带来了，请你老鉴定。"张大千从容不迫地打开随身携带的"书帕"，画稿、图章赫然展现在眼前！罗振玉当时汗就下来了，他没想到自己的一世英名竟毁在了眼前这个毛头小子身上！

著书立说　成果丰硕

罗振玉善识文物，喜研文史。学术研究遍及甲骨文、金石学、古器物学、古文字学、经学、校勘学、汉晋简牍及敦煌学。他既是一位金石考古学家，也是一位敦煌学家。

当年的古董商为了获取最大利润；对甲骨出土地秘而不宣，以期封锁消息，囤积居奇，这给学者的研究造成很大困难。通过多年走访众多古董商、查阅相关资料和实地考察，罗振玉指出卜辞属于殷商时代，为王室遗物；断定甲骨出土地小屯即殷墟遗址，也就是殷朝国都，为甲骨学的研究做出了贡献。

1910年，经多方打探，罗振玉初步认定甲骨的出土地应在河南安阳西五里处的小屯。为了证明这一点，1911年2月，罗振玉特委托弟弟罗振常到河南安阳实地考察。罗振常在安阳小屯逗留了50天，不仅弄清了甲骨出土地殷墟的准确位置，还为罗振玉购买到了1万余片甲骨，最多时，一天竟买到1000余片。1916年2月，罗振玉带着儿子福成乘船离开日本归国祭扫祖坟，3月30日到达安阳住进人和客栈，饭后乘车来到小屯。在殷墟遗址上，他还捡到了一块古兽角和一捧无字甲骨。

站在小屯村北的洹河之滨，脚踏这块神圣的土地，罗振玉感慨良多。他终于还了自己多年的夙愿，亲自来到河南安阳的小屯村。从某种意义上说，1928年大规模的殷墟发掘正是由此发端。他此行迈出了中国甲骨学者实地踏访考古的第一步。也就是从这个时候起，安阳小屯揭开了它神秘而朦胧的面纱，一夜之间成了世界闻名的地方。

1909年8月，法人伯希和路过北京，将其所获敦煌遗书的一小部分展示给北京学者，当时罗振玉恰好在场。当他看到敦煌写本《老子化胡经》《尚书》残卷等珍品时，"惊喜欲狂，如在梦寐"。他听说在敦煌藏经洞尚存六朝至唐宋写本6000卷，便立即将此事呈报学部。学部左丞乔树楠请他代拟电文，命甘肃都督毛实君查封敦煌石室，将所余遗书悉数解送京师。1910年秋，这批宝藏几经周折，终于运抵京师学部，后移藏今北京图书馆。可以说，敦煌遗书至今还能有大批的保存，罗振玉功不可没。

罗振玉在整理刊刻敦煌遗书方面更是业绩斐然。1908年8月，他在《东方杂志》上发表了《敦煌石室书目及其发见之原始》一文，首次向国人介绍了敦煌石室宝藏及其发现的经过。不久，又与蒋斧、董康、王国维等人，将伯希和从敦煌贿买的10余种石室遗书编为一集，定名《敦煌石室遗书》刊行出版，在国内外引起强烈反响。1913年，他又整理出版了《鸣沙石室佚书》。1914年，他与王国维合作出版了《流沙坠简》，这部书是我国学者整理研究汉晋简牍的开山之作，在学术界产生过很大影响。此后，他陆续编辑出版了《西陲石刻录》《鸣沙石室佚书续编》《校刊群书叙录》等几十部专著。从此，确立了"敦煌学奠基人"的地位。

1922年，北洋政府教育部拟将清内阁大库档案作为废纸出售，罗振玉闻讯后，以原售价的3倍将其买回，运抵天津。1928年，罗振玉迁居旅顺后，在日本人的资助下，设立了"库籍整理处"，对这批档案进行整理，历时3年多，编辑出版了《大库史料目录》《史料丛编》《国朝史料零拾》等21种图书，现全部由大连市图书馆收藏。

　　1940年罗振玉去世后，他收藏的甲骨片大多散落民间。但不少人得到甲骨片后主动交给了博物馆，今天旅顺博物馆保存的3000余片甲骨几乎都是罗振玉当年的收藏品。

从报人到钱泉专家的方若

时任新民会天津日租界分会会长、河北天津地方法院院长的方若

古钱的收藏与研究，在我国已有千余年的历史，嘉庆时期渐入高潮，一时泉家辈出，著述如林。张叔驯、方若、罗伯昭并称三大近代古钱收藏家，又有"南张北方西蜀罗"之称。上海纺织实业家张叔驯因藏有金匮值万钱、大齐通宝、靖康元宝、隶书小平铜钱等国宝而问鼎古钱收藏之首；四川巴县人罗伯昭以藏五代十国古钱系列而在古钱收藏界占有一席之地；而天津的方若则以古钱藏品数量之巨、精品之多而蜚声海内外，他不仅兼收并蓄大量收藏古钱、钱范（铸造古钱的模子）、石经、碑帖、书画、古墨等文物，而且还潜心研究，一生撰写《药雨古化杂咏》《校碑随笔》《古货菁华》《言钱别录》等十数部专著，既是一位收藏家，更是一个鉴赏家。

只身来津　房产起家

　　方若，原名方城，字药雨，号劬园，1869年生于浙江省定海县的一个贫寒家庭。幼时入私塾攻读，精通八股文章，擅长古文诗词，喜爱绘画。19岁时县试考中秀才，考取国史馆誊录。1894年，怀揣亲友筹集的24块银圆，手提包袱，脚蹬钉鞋，只身乘船来到天津。

　　到津后不久，在同乡提携下，他在北洋学堂任文案数年。1898年，曾参与以康有为、梁启超为首的戊戌变法运动。变法失败后，回津与日本人西村博创办《国闻报》，自任主笔。因报纸发表文章揭露中俄密约，反对清廷卖国行为，震动清政府，而被慈禧下诏通缉。他及时避居天津日本领事馆而逃过此劫。不光彩的是，1900年八国联军入侵中国，他引导日军攻入天津，为此，获得日本"旭日"勋章。

　　1902年，日方在天津日租界开办《天津日日新闻》报，方若出任社长兼总编。该报办报主旨完全由日本领事馆所左右，每日所发样稿都要送交领事馆审核，因而该报一贯宣传中日亲善。不久，他结识了日本领事馆女职员汤小豹，并与之结婚。汤小豹的母亲是日本人，精通日语，与日本人关系密切。当时正值日租界开展规划，大兴土木，通过汤小豹的关系，方若获得了租界垫土修路的工程。因"工作业绩突出"，日方特许他在日租界主干道旭街（今和平路）北段购地建房，投资房地产业。方若遂多方筹集资金，购入闸口街至鞍山道的40余亩土地，这片地多为小河道和芦苇地，地价非常便宜。

　　不久，方若即在津成立利津公司，自任经理。因资金不足，公司除少量筹资建房外，多采用出租地皮由用户建房的经营方式，即房屋建成，用户使用10~15年后房屋所有权无偿收归利津公司，继续使用需交纳房租。随着日租界的不断发展，旭街日趋繁华，租地建房的大公司也逐渐增多。当年的新新电影院、中华茶园、新明大戏院、老九章绸缎店、老稻香村南味店等的地皮都租自该公司，期满后一律收归利津公司所有。因此，公司获得巨额利益，资产激增。后经三次扩股，至1937年股金已增至52万余元。拥有1088股、占公司股份总额三分之一的方若，一跃成为津门巨富。

1915年，方若充任农商部实业顾问；1920年，任财政部高等顾问；1935年，任天津市政府图书编审委员会委员。"七七事变"后，他先后担任天津治安维持会筹备委员，河北高等法院、天津地方法院院长，教育文化振兴委员会常务委员，天津市公署参事，天津市代理市长，中央惩戒委员会委员，华北水灾救济委员会常务委员，天津救济院院长等多达十几个伪职。

抗战胜利后，方若被国民党天津市政府逮捕，河北高等法院天津分院以汉奸罪判处其有期徒刑5年。1948年12月被保释出狱。1954年病故于天津。

古钱为主　兼收并蓄

方若自幼擅长金石篆刻，喜爱书法绘画，以日本画与中国画相结合的独特国画画风跻身画家之列。从1900年开始致力收藏。他的收藏范围很广，古泉（古钱）、石经、碑帖、金石、书画、古墨无不兼收并蓄，尤以收藏古泉、石经之富、之精而震铄古今，更以拥有稀世珍品北魏天兴、宋大礼银而确立其霸主地位，故晚年自号"古货富翁"。

初时，方若收藏古泉多为往来于全国各古玩市场淘换来的，后因他出手阔绰、购买量大而声名远播，有些文物商便主动送货上门。游艺园大罗天是天津早期唯一一家古玩市场，那里的商家没有不认识方若的，据说当年有十几家古玩商长期奔波于全国各文物市场，采购珍稀古钱，以满足其巨量需求。

1943年秋，古泉收藏家郑家相来津拜会方若，路过大吉山房古玩店，因与店老板孙某相识遂进店转转。正巧店里刚刚购进60余品刀币，见到这难得一见的珍品，郑家相兴奋异常，尤其是其中的两品"齐造邦长法化"刀背化字传形系珍稀之品，更让他两眼放光。郑家相立即掏出500大洋将其全部买下。到了方家才知，方若正因患丹毒而住院治疗。来到病榻前，只见被病痛折磨多日的方若已是面色饥黄，神情萎靡。说话间，郑掏出随身携带的两枚齐刀。见到这两枚梦寐以求的古泉，方若的精神立刻为之一振，脱口赞叹："珍品呀，真是珍品！不知郑先生能否割爱相让？"郑毫不犹豫地回答："假若方公喜爱这两枚齐刀，那还有何话说，请即留下。"方若立刻一跃而起："今天幸得这两刀，足可医好我病！"不几天，方若竟奇迹般地病愈出院了！他不禁感叹道："我的病霍然而愈，完全是古泉的魔力，它真是伟大啊！"

方若的早期古泉收藏珍品有东周的青铜铲布，战国的方足布、铅方布，齐国即墨刀、齐法刀，魏国的平周刀，西汉的五铢钱，六朝的鹅眼钱，唐宋的全镜钱，北宋的大观大铁钱，近代中国货币的四大体系布币、刀币、圜钱、楚币一应俱全。他收藏的稀世瑰宝"秦半两"，更为研究秦始皇统一中国、统一中国币制以及中国最早的货币立法等提供了最有力的实物档案。可惜他一念之差，竟把这批古泉悉数转让给了别人。

1931年11月，日本特务土肥原在津发动了多次便衣队暴乱，为确保收藏安全，方若曾一度将古泉存放于法租界盐业银行保管库。后来由于时局动荡，战争将起，经同乡张纲伯介绍，于1934年春，方若终将30余年的全部收藏，以15万元的价格转让给了上海杨庆和银楼经理陈仁涛。新中国成立前夕，陈仁涛将这批国宝携至香港准备出手，幸被我国文物部门获悉，以重金收回，交由中国历史博物馆收藏。

方若此举曾引起收藏界的颇多非议，有人说他卖价太低，有人说他为谋利而收藏不是真正的收藏家，更有负于"南张北方西蜀罗"

从报人到钱泉专家的方若

091

的称誉。他自己也很后悔，遂下决心重新开始收集古泉。由于他是行家里手，又肯出大价钱，所以数年后，他的收藏就又颇具规模了。他不但收集到了许多古泉珍品，而且还收藏了契刀钱范、五铢铜范、小泉直一钱范、大泉五十钱范、大吉土范、大通土范、汉半两铜范、三铢石钱范、货泉钱范、契刀五百石范、六字齐刀砖范等数百件钱范。这在当年的收藏界可谓首屈一指。

石经是中国古代刻于石碑、摩崖上的儒家经籍和佛、道经典，是中华民族灿烂的文化遗产之一，对研究佛教、书法、诗歌、艺术、天文、历算、医学、律法等具有重要意义。因而，石经、碑帖也是方若藏品的重要组成部分。日伪时期，新明大戏院的经理孙宝山从外地曾收购一批在郑州出土的170余字大石经，为稀世珍品。方若闻讯后以7000余元高价收购，得宝后兴奋异常，夜不成寐。当年享誉海内的大收藏家罗振玉所藏石经最大者也不过数十个字，他以为今天自己收得此石经，理应名在其上。此后，他又陆续收购了杨君碑、邓太尉祠碑、魏隋墓志、大唐墓志、石门铭碑、敬使君碑、明拓碧落碑及石鼓文拓本、全颜庙拓本等大量石经、碑帖。至抗战胜利前夕，他已收得古碑、石经2972项，计3000余件。为此，他特在家中专辟一室，名曰"石经室"。他还招聘名匠，精制拓片，分赠亲朋好友和出售。

此外，方若还收藏了元代画家黄公望《富春山居图》，萧东生《山居图》，李公麟《五马图》，赵孟頫《赤壁赋》、行书《千字文》真迹，明代学者方孝孺、明代官吏杨继盛、钱载行、邢志儒等手卷，清嘉庆翰林院编修杜谔《裂帛湖记》等书画珍品，尤以藏有明代四大画家沈周的山水手卷、唐寅的《约斋图》、文征明的字册、仇英的《九歌图》而令书画收藏界刮目相看。还因藏有光绪墨、同治墨、同治十年程氏造墨、鉴宝斋琴墨、五老图墨、方寰氏造墨等古墨而在当年名重一时。

收购端方文物　多年潜心研究

　　清末两江总督端方在从政之余，醉心于古玩收藏，是中国著名的收藏家之一。在出洋考察期间，他还收集了一批古埃及文物，是近代中国收藏外国文物第一人。清末家族败落，他曾将部分收藏押于北平债权人李某处。端方去世后，李某有意出手这批文物，当时故宫博物院曾拟备价收买，但因辛亥革命的爆发而告停顿。1939年初，李某又将文物售予美商，被冀察政务委员会查获扣留。时任伪天津市政府参事的方若闻讯后，遂于3月21日呈文市政府，请求由天津市筹款购买此项文物。后经市政会议通过、市长批准，命方若速办此事。方若遂亲赴北平与李某多次讨价还价，终以5.8万元成交。连同运脚费、包装费，官方共出资6.2万元。文物购回后，暂存于河北金钢桥西淮军昭忠祠。

　　方若不仅善收藏而且重研究，他不但考察历代铸钱之源，验证百家圜化之说，而且对古钱大小、质地、色泽、版别、纹饰、轻重、文字、伪劣等都曾做过深入研究。近代钱币学家秘不示人的陋习是古泉研究的一大障碍。但方若不为旧习所染，既无门户偏见，又不垄断资料，每有新获立即拓片赠人或出售，以传古为乐。所著《药雨古化杂咏》、《古货菁华》、《旧雨楼古货全稿》、《古货今说》、《古金银谱》、《方家长物》、《言钱录》两卷、《言钱别录》两卷、《古钱杂咏》、《药雨藏钱》4册等，去除前谱凌乱芜杂之弊，填补前谱之遗缺。尤以考订"永安一百""永安一千"等五代钱，博得国内外钱币学界的认同。《药雨古化杂咏》一书更被古钱收藏界推崇备至。该书为名拓工谭某手拓，从数万枚古钱藏品中汇集珍稀品百枚入书，上始东周下至清末，上下2000余年，所选古泉皆精绝之品，每钱必配一首珠联璧合之七言绝句，从中不仅可以欣赏到他的美妙诗文，而且可见他在古钱学上的独特见解。因当年只印了40余册，多为赠送友人，各文物商竞相争购，后竟增至百元一册。另著有《校碑随笔》《印萃》《日俄战记》《药雨丝刻》《囊中集》等收藏类专著。因此说，方若是一个集收藏、研究于一身的文物收藏、鉴赏家。

收归国有

1945年11月，国民党当局天津市政府将其逮捕，河北高等法院天津分院以汉奸罪判处其有期徒刑5年。其在多伦道、罗斯福路、海拉尔道、辽北路、北平道等5处房产，利津公司股权、三新公司股票及收藏文物全部予以查封。其所有文物由国民党教育部清理战时文物损失委员会平津区办公处清理接收。方若曾将5箱文物匿存于横滨正金银行，后被人检举，查获交由中央银行保管。1948年12月，天津行将解放，国民党天津市政府因疏导人犯，方若被保释出狱。

天津解放后，市人民法院反复查阅档案、调查取证，确认方若汉奸罪行证据确凿，其财产应予没收，由市公产清理局负责接收。1949年5月，包括故宫、历史博物馆专家在内的北平文化教育部的7人小组专程来津。从26日起，在天津市文化教育部、公产清管局协助下，7人小组开始清点方若存于多伦道252号住宅内的文物。经过近10天的清点、造具清册，所藏古钱、书画、玉器、陶器、铜器、古墨、古砚、甲骨、汉瓦、印章等文物共计9171件，另有古碑、石经2972项，计3000余件。

方若一听说要将其所有收藏运抵北平，遂呈文天津市政府，请求将这些文物编成目录交由南开大学保存研究。呈文称："所有古物大有珍奇，为世界各国所罕见，往来日人尝威逼强索，美帝复重利以诱，俱未得逞。碑版轻脆者如陶瓷，如迁往他处必有损伤。"市政府批示：汉奸财产一经查封，本人无处理之权。1951年10月，所有文物分装50余箱运往北京。

中国现代金石学家王襄

2004年7月4日，在上海花园饭店举行的一次拍卖会上，20片总面积不足2平方尺、不到200字的殷墟甲骨片，竟以5280万元的天价拍出，创造了中国拍卖市场的一个奇迹。据文物专家介绍，早在1898年以前，河南安阳农民收获花生时挖掘出一批刻有符号的龟甲兽骨，不知为何物，后于1899年被古董商范寿轩带到天津，经金石文字学者王襄、书法家孟广慧辨认审定，认为那上面的符号很可能是古人所刻写的文字，遂以龟甲兽骨上一个字一两银子的价钱购买了其中的一部分。从此，中国最古老的文字——甲骨文为世人所知，震惊天下。在上海拍卖的这批甲骨正是孟广慧旧藏的、购买于1899年在安阳殷墟出土的甲骨。王襄也因最早鉴定、购买、研究甲骨，并编著了甲骨学史上的第一部字汇《簠室殷契类纂》，而成为殷墟文字专家。

锲而不舍的治学人生

王襄，字纶阁，号符斋，又号簠室，祖籍浙江绍兴，世居天津。1876年出生于城厢内二道街张泽水胡同（贡院胡同）的一个书香门第家庭，1900年后迁居城厢鼓楼东大街大刘家胡同。7岁读私塾，18—22岁师从王守恂、李桐庵学"举业"，23岁入县学。时正值西

王襄（1876—1965）

学东渐，维新思潮兴起，他广泛阅览西方近代社会学说以及自然科学著作，坚持每天写读书笔记《课余日知》，也就是从这时起，他开始阅读《说文解字》，潜心研究金石文字。此后，更广泛地涉猎对古俑、古简、古镜、石画像等的研究。

1906年，已是30岁的王襄考入清农工商部高等实业学堂，选修矿科。1910年毕业后奖给举人，授补用知县、分省河南。1911年秋，奉派赴河南开封候补。当时他的老师王守恂正在该省出任巡警道，王襄遂充任警务公所总务科帮办文牍。但不到百日，因"目击官场龌龊情况"，随着辛亥革命的爆发，"绝意仕途"返津。

失业赋闲在家，没有收入来源，王襄只得以变卖家中的零散杂物或鬻字维持生活。尽管处境如此艰难，他仍一如既往地坚持研究甲骨、考古和文字。

发现甲骨文

1898年，河南安阳农民收获花生时挖掘出一批刻有符号的龟甲兽骨，不知为何物，闻讯赶来的潍县古董商范寿轩也因不识其价值而未敢收购。同年11月，他到天津王襄家中兜售古董，详细讲述了龟甲兽骨的形状和上面的符号，但并没有透露出土的翔实地点，当时来王家做客的孟广慧听后推测认为，这些龟甲兽骨很可能是古代的简册，即为一种古老的文字。于是，他们撺掇范寿轩尽快收购一些，来津出售。

1899年秋季，范寿轩带着收购的龟甲兽骨再次来津，住在西门外马家店胡同的元升店里，邀请王襄与孟广慧前往观赏、选购，这是我国学者第一次见到甲骨。他们轻轻拂去甲骨上的泥土，经过反复细致的研究，最终一致断定，甲骨上刻画的符号就是古代的文字！以一个职业古董商的敏锐嗅觉，范寿轩立即从他们的对话和兴奋的表情上了解到这些甲骨上的文字非同一般。于是，当谈及价钱时，范寿轩提出大块甲骨按一个字一两银子的价格出售。王襄与孟广慧都是穷书生，

与王襄一起购买甲骨的书法家孟广慧

哪有这么大笔的银子呢？王襄仅挑选了其中的一些零星小片，而孟广慧则因刚刚收到亲友资助的一笔旅游费，买的稍多一些。多半大片、字多的甲骨，终因他俩财力不足而只得眼睁睁地让范带走了。随后，范将剩余的甲骨带到北京，尽数卖给了国子监祭酒王懿荣。由于王懿荣当时的名气很大，因此，许多人都认为是王懿荣最早发现的甲骨文，而天津的王襄和孟广慧则被世人忽略了。

1900年，范寿轩再次来到天津。当时天津已被八国联军占领，市面混乱，人心惶惶，范只得贬值兜售甲骨。遭受母亲、叔父相继去世沉重打击的王襄，还是节衣缩食买下了这批甲骨。至1917年，王襄共7次收购甲骨4000余片。其中记载武乙时期有关月食，现存甲骨中唯一记录武乙文丁时日月交食天象等甲骨，均为甲骨中的珍品。

1934年，王襄由湖北回津，由铁路局将甲骨和其他物品分别装箱托运。车到天津站，王襄提取托运物品时，发现其他物品都在，唯独装甲骨的箱子没了踪影。这些凝聚了多年心血的"宝贝"不翼

而飞，王襄就像遭遇了一个晴空霹雳！他焦急万分地辗转查找了50多天，竟奇迹般在张家口站找到了这箱甲骨！原来，铁路上负责托运行李的人以为箱中装有无价珍宝，随即把它盗走，但打开一看，却只见一堆枯骨断龟，便气急败坏地将它弃置铁路旁。失而复得，王襄大喜过望之余又不能不庆幸盗贼不识甲骨的价值。

终生研究甲骨文

1900年，面对八国联军的侵略，作为京城团练臣的王懿荣心怀对国家的忠贞，投井自尽，以身殉国，而没来得及对所藏甲骨进行全面研究，没有留下甲骨学的论述。而王襄不仅有鉴定、购买甲骨之功，还有著述传世，对甲骨学研究做出了突出贡献。无论是进学还是在外地任职，王襄都随身携带收藏的甲骨、拓本和相关书籍，利用闲暇时间研究文字。1900年秋，王襄就开始整理所藏甲骨，6年后编辑成书《贞卜文临本》3册，共收录564片甲骨，后来又录存各家甲骨著述，扩为5册，收录甲骨共达664片。这在甲骨学初创、甲骨文专著寥寥无几的时期，显得尤为珍贵和重要。

1910年，王襄又释得甲骨文中殷商时期占卜师使用的六十甲子表，订正了宋代以来金石学家对口十字的误解。因为在此之前金石家都把口十释为"子"，这样一来，在殷商彝器上就出现了"乙子""癸子"之类根本无法解释的干支组合，自从王襄释为"巳"以后，所有的疑难都迎刃而解了。

1918年，王襄完成了《簠室殷契类纂》一书的写作，1920年底由河北博物院出版，本书《正编》14卷（所识之字873字，重文2110字，共计2983字），《附编》1卷（合文243字，重者98字），《存疑》14卷（难于确认1852字），《待考》1卷（142字）。在编排上，采用近代字典的编排方法，在每个字下面，加以注释、考订，并引用甲骨文的原句进行举例。实际上，此书就是一部早期的甲骨文字典。由于深得甲骨文学者的认可，故在1929年再版。

王襄的另一部甲骨文著作是《簠室殷契征文》，是他1923年在广东任职期间完成的，1925年出版。书中发表了他收藏的甲骨拓本1125条，介绍了一批有学术价值的甲骨材料，

王襄所著的《簠室殷契征文》

如 "旬壬申夕月有食"，是最早有干支的月食记事，全世界只有两例，国内仅此一例。因此，这些拓片经常被后来的甲骨名家引用。王襄还对书中的每一条卜辞做了注释，并创新地对甲骨进行分期断代和分类，设天象、地望、帝系、人名、岁时、干支、游田等12类。著名古文字研究专家陈邦怀评价说："著录甲骨分门别类，则以此书为创举。"该书出版发行后，限于当时的印刷技术，曾经引起包括郭沫若在内的一些学者的误解，认为书中的拓本经过了剪辑粉饰，不是真品。王襄的学生劝他著文剖辩，他只是笑着说："塞口易而塞心难，终有河清之日也。"后来，经多方研究，郭沫若郑重地承认了自己的错误，并希望王襄重加精拓，以嘉惠学林。

毫无保留　全部捐献

抗战胜利后，北平藻玉堂书店老板乘机介绍了几拨儿人来津，许以重金购买其所藏甲骨，纠缠了一个多月，并说："老先生把零星骨片变点儿钱，干什么不好，何必守着干粮挨饿呢？"后来，又有学者从美国来信求购甲骨，王襄仍不为所动，一笑置之，表现出一个

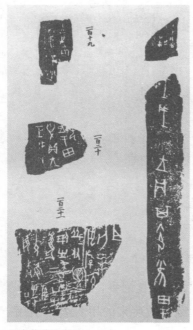
王襄收藏的甲骨

爱国知识分子的民族气节。他说："甲骨是祖国的瑰宝，现在没有新的发现，将来也不会发现得很多，卖给那些大学，都是外国建立的，将来也会流失异邦，等到中国人想研究就困难了。"

王襄视甲骨如生命，珍藏的甲骨虽几经劫难，终因他有一颗忠于祖国、热爱文物之心，而被完整地保留下来。为了表达自己对新中国的一腔热忱，为了传承甲骨文研究事业，1953年，王襄毅然将自己以毕生精力搜购、珍藏的甲骨全部献给了国家，珍藏于天津博物馆；1959年将全部甲骨拓片赠予《甲骨文合集》编辑部。

1965年1月31日，王襄病逝于天津市第一中心医院，享年89岁。时任中国科学院院长的郭沫若为他题写墓碑：殷墟文字研究专家王襄同志之墓。此后，王襄家人遵其遗嘱，将其一生珍藏的文物、手稿、专著、图书、碑拓、印章、字画等也全部捐献给了国家。

化私为公、捐赠文物的徐世章

20世纪20年代天津著名收藏家徐世章曾在意租界居住，而他收藏古砚的生涯也是从这里开始的。如今，天津博物馆的古砚收藏最成系统，特辟全国唯一一个古砚陈列室，端砚、歙砚、洮河砚、澄泥砚四大名砚，门类齐全；石砚、玉砚、瓦砚、瓷砚、铁砚、铜砚、澄泥砚、玛瑙砚、水晶砚、料砚、竹砚、砂砚、砖砚，琳琅满目，应有尽有。其价值之高、品种之多、质量之精，居全国之首。而这些精妙绝伦的珍宝大多是徐世章的捐献之物。

蛰居津门　热心公益

徐世章，字端甫，号濠园，1889年生于天津，民国大总统徐世昌的族弟。早年就读于京师大学堂译学馆，后留学比利时列日大学经济管理系，获学士学位。曾任北洋政府交通部次长、交通银行副总裁、中国国际运输局局长等职。曾在意租界居住，1922年随着徐世昌的下台而去职来津，寓居今和平区大理道26号。

他是耀华中学的创建人之一，先后担任天津铁路学校名誉校董，天津工商学院、法汉中学、扶轮中学、崇化中学、天和医院董事长，及东亚仁立毛纺厂、中孚银行华新纱厂等多个民族企业董事。抗日战争爆发后，北平、天津相继沦陷，北京大学南迁昆明，组成西南

徐世章（1889—1954）

联大。一时因环境所迫无法随迁，而又不甘心任职敌伪高校的教授们纷纷来津。天津工商学院（后改名津沽大学，今天津外国语学院校址），本是法国传教士所办，二战期间，欧洲捐款及经费来源断绝，教会打算停办，裁减员工，遭到师生反对，于是校友会发起募捐。徐世章慷然解囊，临危受命，出任该校董事长。在他的感召下，燕京大学的侯仁之、齐思和、翁独健，南开大学的袁贤能、胡继瑗、张华伦等知名教授学者，齐聚天津工商学院，使该校一时名流云集，声名鹊起，成为当时津门最具吸引力的高等学府。

新中国成立后，他积极投身新中国的建设事业，为支持抗美援朝，卖房捐献15000元购买飞机大炮；为支持国家经济建设，认购25000元十年期公债，成为当时全市私人捐款数额最高之一。扶危济困、乐善好施、热心公益的品格，为他日后捐献国宝打下了坚实的思想基础。

不问政治　专心收藏

徐世章一生博雅好古，致力于文物收藏。尤其是他钟爱一生的古砚，不仅质地精良，且多名家题识、名家收藏、名工雕刻。上至汉代，以明清两代为主，质地精良，陶、瓦、砖、泥、铜、铁、石、瓷、玉、木等品种，名目繁多，风格各异。而端石中的青花、蕉叶白、火捺、鸲鹆眼，歙石中的金星歙，澄泥中的朱砂澄泥等更为稀世之宝。又如明代的"荷鱼朱砂澄泥砚"，其砚形如同游鱼，扬尾立鳍，栩栩如生；"王岫君山水砚""琅环仙馆砚山"二砚，因材施艺，雕高山流水、明月当空、清泉飞瀑，缀桥亭舟舫，无不充满了诗情画意；曾为清代著名砚台收藏家黄任收藏的精品十砚之一的"墨雨砚"，砚石的黑色斑纹，若泼墨点点，如细雨丝丝，故而得名"墨雨"；明代顾从义"石鼓文砚"的砚面、砚周和砚底上依宋人拓本摹刻的400余字石鼓文，已成为研究石鼓文不可多得的历史资料。

徐世章所藏古砚，有的是文物商送货上门的，有的是通过朋友介绍从名人后裔手中获得的，而更多的还是他不辞辛苦，往来奔波于全国各古玩市场淘换来的。所以，每件古砚背后都有一段传奇的故

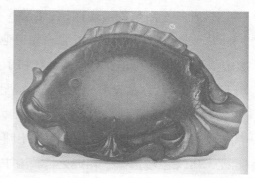

徐世章捐献的荷鱼朱砂澄泥砚

事，都凝聚着他无数的心血和精力。为了搜集文物，徐世章不吝重金。据说，他购买金大定红匋小砚时，因其为世人罕见的金代遗物，故而几乎用了与之同重的黄金购得！从其撰写的《藏砚手记》中可以得知，从1934年到1937年这4年间，仅用于购砚的款项就达4万余元。他曾对子女说："要是将我购买文物的钱用来买钻石，足可以买一大簸箩了！"

徐世章耳目通灵，平日一听到有出售文物的消息，就立即赶到现场，不遗余力买到手。有时为了得到一方名砚，更要历时数年，辗转几座城市。明代顾从义摹刻的"石鼓文砚"，他心仪已久，魂牵梦绕十余载。1935年冬，当听说它现身北京时，徐世章衣服没来得及换，家人没顾上打招呼，只身一人急急地赶赴京城拜访收藏者李氏，但还是晚了一步，宝砚已被某厂肆商家购去。于是，他又按图索骥，追踪到厂商高价收购。当这方梦寐以求的宝砚终于捧在手上时，徐世章兴奋得像个孩子，不停地欢呼雀跃。回津后，欣然撰写题记，记述得砚之经过，说明得砚之艰难，抒发得砚之愉悦。

为广聚天下宝物，徐世章的足迹遍及国内大小所有古玩市场。因他肯出大价钱，而被文物商人视为"财神爷"。据说，一次，他外出到南京，在夫子庙看中了一方宋代端砚，因砚商认出他就是赫赫有名的徐世章，所以，把端砚价格抬高了一倍。徐世章当时手头吃紧，一时拿不出现款。砚商说："没钱不要紧，您不是干房地产的吗？拿地换也行啊！"尽管徐世章知道他这是趁火打劫，但求砚心切的他，硬是以一块正在升值的地产换了这块端砚！事后，朋友拿他开玩笑说："看你做起房产生意是个精明人，怎么一看见端砚，你就变成了个头脑发昏的蠢人了呢？"于是，他在题记中写道："当此世乱年荒之际，而以重金得之，人能不嗤我愚也？然我以卖地之金易此砚，却以之为余幸。"嗜砚之情，溢于言表。

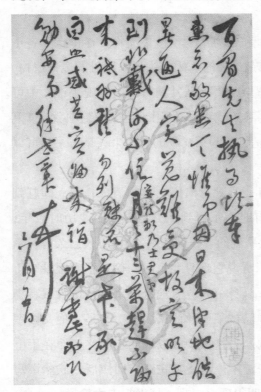

1931年，徐世章致银行家卞白眉函

寓居津门后，徐世章几乎天天都要到大罗天转转。20世纪30年代初大罗天衰落后，他又转到法租界泰康、天祥两商场的古玩店寻宝。他听到外地有古砚、古玉待售，就会命人立马跟踪寻迹，常为购买一件文物而马不停蹄地跑上几座城市。天津和各地古玩店的人常到徐宅，送上他的喜爱之物。他曾说："只要是精品，不管多少钱，统统往我家送。"

徐世章购买文物虽不吝钱财，在生活上却十分俭朴，不尚奢华，不乱花一分钱，没有任何不良嗜好。平日常穿一件粗布长衫，子女穿的也都是自家染制的布衣。为了培养子女的勤俭意识，每逢春夏之交，他还让孩子们吃上几顿野菜饭。

徐世章嗜砚如命，从其对砚的悉心呵护也可略见一斑。他所收藏的古砚多是双层豪华装潢，内盒为紫檀木，外盒为楠木、红木或黄杨木。从1934年起，他开始将古砚整理成系列，着手编纂砚谱。为此，从北京请来素有"中国第一拓手"之称的周希丁及其助手傅大卣，为其藏品做拓片。周希丁的拓片技艺匠心独运，不但能尽善尽美地还原石眼、颜色，还能拓出栩栩如生的立体感。日复一日，年复一年，一干就是7年。砚谱拓出来后，由擅草书的徐世昌和擅篆书的徐世襄，或他本人作序、题跋，详记藏品名称、形制、尺寸、质料、图案、铭文，考订旧有藏主身世、流传过程，记述收藏经过，装订成册，名曰《濠园砚谱》。

徐世章好砚如痴如醉，曾名其书室为"宝砚室"，还刻了许多闲章以表心境，如"濠园宝比过明珠骏马""如此至宝存岂多""所宝惟砚""闲人以砚为忙事"等。他在《藏砚手记》中写道："吾人收集古人之砚，不独以砚材之极美，刻工之精细，而在充分表现其人之心灵、意境、节操、哲理、情绪、诗意等，形之于砚。"这正是徐世章藏砚的主旨所在。

化私为公　捐献文物

徐世章不仅是我国著名的收藏家，也是一个民族文化的保护者。面对旧中国深受外侮、内乱之扰，大批民族文化遗产外流的现实，他痛心疾首，尽自己最大努力，以毕生精力收藏并保护了一批重要文物。这些国宝也曾引起洋人的垂涎，国民党统治时期，美国某大财团曾出数百万美元的天文数字开价收购他的文物，被其断然拒绝。当解放战争的炮火在天津城上空隆隆响起时，城内一片混乱，达官

徐世昌、徐世章（右一）与《良友》画报记者在天津合影

贵人、富商豪贾，挟金银细软，纷纷南逃。这时又有人劝他携文物去美国，享受高级华人的生活。他却说："中国古代文化遗产绝不能从我手中流散到国外！"

1953年冬，身染重病的徐世章，想给自己的收藏寻求一个最理想的归宿。他对子女说："我毕生精力致力于收藏文物，几十年呕心沥血，终于将它们由分散变为集中。如果传给你们，势必又由集中变为分散。我考虑再三，只有捐献给国家，才更易于保管，供全社会、全民共赏。希望我死后，将捐献之文物开辟一个陈列室进行陈列，供大家欣赏，这也是我对社会的一点贡献。"此后，他与时任天津市副市长的好友周叔弢先生多次商议捐献之事，得到了周先生的支持与鼓励。

他化私为公的义举也得到了家人的理解与支持，1954年徐世章病逝后，夫人杨立贤与子女通过周叔弢正式转达了将家藏文物全部捐献给国家的意愿。市文化局组成接收小组，于同年7月、12月，先后两次接收捐献古砚、古玉、字画拓片、金石、书帖、印章等2749件，收藏于天津历史博物馆。

来之人民、还之人民的周叔弢

曾任天津市副市长的周叔弢，不仅是近代实业家、当代政治活动家，更是现代著名收藏家。他以藏书之富、精品之多而饮誉海内，尤其是从1952年至1981年，他先后四次将自己用毕生精力和心血收藏的4万余卷图书、字画，1000多件文物捐献给了北京图书馆、天津图书馆和天津艺术博物馆。他的善举更是得到了国家的褒奖、人民的赞赏。

善藏书　爱读书

周叔弢，原名明扬，后改名暹，字叔弢，晚年自号弢翁，安徽至德（今东至）县人。1891年生于江苏扬州，为两广总督周馥的嫡孙。父亲周学海淡漠仕途，不善交际，唯好读书，尤喜钻研医学，曾编撰《周氏医学丛书》。儿时的周叔弢虽不敢擅入父亲的书房，但父亲爱读书、喜藏书的习惯却深深地感染和影响着他。在完成私塾老师布置的功课后，周叔弢便"胡乱读一些闲书"。他更爱逛书店，常到扬州辕门桥的三家书店看书，买上几本石印的廉价书。

16岁时，他就根据张之洞《书目答问》、莫友芝《邵亭知识传本书目》中所载典籍，开始系统收藏图书。他集毕生之精力和一生经营所得的大部分用于购买古籍、善本图书，历时数十年苦心收集，

19岁的周叔弢

以藏书之富、版本之精闻名于世。拥有宋、元、明三代的经、史、子、集善本和清代善本书等，还有敦煌卷子200余卷，战国、秦汉古印900余方和元、明、清名人书画多种。因收有"天禄琳琅"《寒山子诗》，而将自己的书库命名为"寒在堂"。

周叔弢生活俭朴，无声色之好，但高价收购古籍却从不恤金钱。他常对人说，我是能藏一库书，富得百年乐啊！一些商贩知道他嗜好古籍，且不惜重金，所以，经常会借机敲竹杠。周叔弢明知自己吃了亏，还笑着说："我这是姜太公钓鱼——愿者上钩嘛！"

1928年的一天，他以重金从北京文禄堂购得宋释道原撰、绍兴四年刻本《景德传灯录》，加上他的旧藏宝祐年刻本《五灯会元》，此两书堪称"双绝"。得书后第五天又喜得贵子，遂欣然取名"景良"，并在题识中写道："深冀此子他日能读父书，传成家学。余虽不敢望兔床，此子或可为虞臣呼！"

他早期收藏的元树台岳氏本《左传》为古籍精品，但遗憾的是还缺少一卷。为此，他曾多方搜寻十数载。后得知此卷为嘉定徐氏所收藏，他遂托友人傅沅叔与徐氏洽商。当听说是周叔弢要购买此书时，徐氏便将价钱定得极高，周叔弢只得作罢。1944年，徐氏后人拿出此书在北平求售，得到消息后，周叔弢遂追至北平购买。但徐家不是说书已售出，就是时时提价，双方最终未能谈妥，周叔弢再次抱憾而归。1946年夏，他通过侄子转托孙静庵与徐家洽谈，并一再嘱咐对方"千万不要说是我要买"。孙遂以请徐氏鉴定旧玉器为名，相约中孚银行，玉器鉴定后，孙"无意间"提出想买那本书。

徐氏知道他一向不问版本，便半开玩笑地说要一两黄金，孙急忙答应并当即付了金子，徐氏当着众人的面不好反悔。第二天将书送到孙家时，徐氏再三询问是否代别人购买。书拿到手后，周叔弢兴奋地翻着书，连声说："亏了静

周叔弢收藏的宋版书《寒山子诗》

庵，值得，值得！"多年后谈及此事时，他仍兴高采烈道："珠还剑合，缺而复完，实此书之厚幸，岂仅予十余年好古之愿一旦得偿为可喜哉！"

当年的文物界曾流传着周叔弢义烧假经卷的故事：20世纪40年代，天津文物市场上出现了一批颇似敦煌文书、经卷一类的东西，周叔弢以高价收购了十几件。后经仔细研究发现是用双钩填墨的赝品，他遂当着众人的面将其付之一炬，以警世人，并说，这种东西不可留在世上再骗人。

周叔弢以书喻人，把书视为自己的孩子、朋友。他的藏书标准有"五好"：一是刻版好，就像一个人先天体格强健；二是纸张好，犹如一个人后天营养得宜；三是题跋好，如同一个人富有才华；四是收藏印章好，宛若美人薄施脂粉；五是装潢好，好比一个人衣冠整齐。

他对书的爱护无微不至，孜孜遵循着赵子昂 "勿卷脑，勿折角，勿以爪侵字，勿以唾揭幅，勿以作枕，勿以夹刺，随损随修，随开随掩"的护书原则。他把藏书分为三六九等，在普通藏本上，往往盖上一个大印章，而在珍品书上，只钤最小的藏印"周暹"，唯恐伤及图书。

周叔弢不仅是个藏书人，更是个读书人。他的收藏一方面是为

了避免国宝流失国外，另一方面则是因为他爱读书。他曾风趣地说："如果不读书，可能就不至于'半生跌宕为书忙'了！""寒在堂"的 4 万余卷藏书，他大都仔细阅读过，部分书不仅精读过，而且还做了精深的校勘、注释和批记。详记古籍流传过程，评价古籍价值，考订古籍版本，记述收藏经过。1985 年，北京图书馆学者冀淑英辑成《弢翁藏书题识》，编入《自庄严堪善本书目》一书。

来之人民　还之人民

早在 1942 年，周叔弢在自订善本书目的同时就立下遗嘱："生计日艰，书价益贵，笺录善本，或止于斯矣！此编固不足与海内藏书家相抗衡，然数十年精力所聚，实天下公物，不欲吾子孙私守之。四海澄清，宇内无事，应举赠国立图书馆，公之世人，是为善继吾志。倘困于衣食，不得不用以易米，则取平值也可。毋售之私家，致作云烟之散，庶不负此书耳！"其意在于，嘱咐子女在国泰民安之时，将藏书全部捐赠给国家和人民。

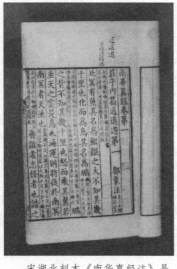

宋湖北刻本《南华真经注》是周叔弢得到的第一部海源阁藏书

1950 年，周叔弢开始整理藏书，选出上乘精品，逐一校对、编目，准备捐赠给国家图书馆。他与黄敬市长商议捐赠之事时说："我将心爱的藏书，贡献给我心爱的国家、人民，使这批古籍珍品永不遭致流失损毁之厄运，使之能发挥作用，由国家收藏，岂不比我个人收藏更好么？"1952 年，他把毕生精力所聚所藏的精品宋、元、明抄、校本书 715 种、2672 册捐献给国家，藏于北京图书馆，成为该馆的"奠基石"。其中，元延祐七年

89岁高龄的周叔弢仍坚持每天读书

南阜书堂刻本《东坡乐府》、元大德三年广信书院刻本《稼轩长短句》，被称为宋词双璧。1954年又捐出中外文图书3500余册，藏于南开大学图书馆。1955年，他将所藏清代善本书3100余种、22600多册捐赠国家，藏于天津图书馆。

三批赠书捐献国家后，他正在继续清点整理，准备第四批捐赠时，"文化大革命"爆发了。动乱中，周叔弢被抄家，所幸的是，在周恩来总理的关怀和保护下，他的这批古籍、文物得以幸存，1973年落实政策后全部发还。周叔弢经过多年细致、认真的整理后，于1981年再度将1800余种、9196册善本书和古印经1262件、敦煌卷子200多卷及一些名人书画等文物捐献给国家，分藏于天津图书馆和天津艺术博物馆内，实现了他"化私藏为公有"的夙愿。这是他最后一批珍藏，其中不乏精品，如经清代著名藏书家黄荛圃批校过的明版《穆天子传》、清代泥活字印刷的《金石例》、宋版《汉书》等善本，对于历史学、哲学、佛学、宗教学以及语言文学等研究，均具很高的参考价值。

从1952年至1981年，周叔弢共捐献古籍4万余册、文物1000余件。他的这一爱国义举，受到国家的褒奖和人民的爱戴。1980年，为庆祝周叔弢九十寿辰，北京图书馆将他的藏书题识编辑为《弢翁藏书题识》，天津图书馆编订了《周叔弢先生捐赠藏书目录》。周叔弢用颤抖的双手捧起精装烫金版本的《周叔弢先生捐赠藏书目录》，激动地说："我拿着这本精装书目，心情激动，回想自己在70多年的藏书生涯中，常为搜求到一本好书而感到其乐无穷，如今我为这些书，来之于人民又归之于人民，得到了最好的归属、最好的主人，无限欢快，非昔日之情可比拟。"

1984年2月，93岁的周叔弢先生在天津总医院安然离去。"没有中国共产党，就不会有社会主义新中国"，是他生前留下的最后笔墨。

但使国宝永存吾土的张伯驹

　　张伯驹生长在官宦之家，曾入军界，搞过金融，扬名于诗词、文物，是中国近代著名的诗词家、书画家、收藏家和戏曲艺术家，与张学良、溥侗、袁克文并列为"民国四公子"。他收藏书画30载，藏品以质优量大而闻名遐迩，其中晋代陆机的《平复帖》是我国传世书法作品中年代最早的一件名人手迹，隋代展子虔的《游春图》则是传世最早的卷轴画，也是我国最早的独立山水画。

20世纪20年代，张伯驹在丛碧山房寓所

113

30年收藏生涯从天津起步

张伯驹，生于1897年，字丛碧。其父为曾任直隶总督、盐业银行董事长的张镇芳。他自幼随父来津，天性聪慧，7岁入私塾，9岁能诗文，曾有"圣童"之誉。15岁时与袁世凯的几个儿子同在天津新学书院就读。毕业后，在袁世凯的陆军混成模范团骑兵科受训，由此进入军界，先后在军阀曹锟、吴佩孚、张作霖等部任职。与当时的达官贵人多有往来，但从不趋炎附势。也正是与高层人物的频繁接触和交往，让他了解了许多鲜为人知的官场内幕，看清了社会的黑暗与腐败。为此，他从内心厌倦了军旅生活，遂不顾双亲和友人的反对，毅然退出军界。

退出军界后，张伯驹把自己的兴趣完全转移到陶冶性情的文化艺术活动上来。他利用优越的家庭条件，在家藏的古典文史书中寻找到了一方驰骋的天地，各种古书典籍陪伴他送走了无数个日日夜夜。他乐于和文人雅士们交往，一起歌吟畅咏，填词作画。

张伯驹的收藏生涯始于1927年，止于1957年，历时整整30年。1924年末代皇帝溥仪被逐出宫后移居天津日租界张园，生活窘困，以出卖书画维持生计。为向银行借钱，曾将数十幅书画抵押于天津盐业银行。当时张伯驹正在天津，见到了这批国宝，平素擅长书画的他一下子就被吸引了，出资购买了《姚山秋雯图》《三友图》《观梅图》《五清图》《山水》等传世名画。可以说，张伯驹30年的收藏生涯正是从天津起步的。此后，他又陆续收藏了唐杜牧《张好好诗》、宋范仲淹《道服赞》卷、宋蔡襄《自书诗卷》、宋黄庭坚《诸上座帖》、宋吴琚《诗帖》卷、元赵孟頫《章草千字文》等书画珍品。但张伯驹平生最得意的藏品还是号称天下第一墨宝的《平复帖》和号称天下第一名画的《游春图》。

《平复帖》是西晋文学家、书法家陆机所写的一封信札，是中国现存最古老的一件名人墨迹，距今已有1700多年的历史，比王羲之的《兰亭序》还要早上60多年，历代收藏家都奉之为至宝。宋徽宗亲自金书标题："晋陆机平复帖。"信札卷后有董其昌、溥伟、傅增湘的跋文，上面还有唐殷浩、梁秀藏印，宋"宣和""政和"双龙玉玺，以及明代韩逢禧父子，清代梁清标、安岐、载治等人的几十方鉴藏印，可谓是朱印累累，满卷生辉，被天下视为"墨皇"，辗转流传落在了恭亲王奕䜣的孙子溥儒手上。

张伯驹条幅

20世纪30年代初，在湖北赈灾书画展览会上，张伯驹第一次见到《平复帖》后，便开始苦心孤诣地设法把它买到手。他辗转托人找到收藏此帖的清恭王府袭爵将军溥儒，婉转表达了要买此帖的想法。溥儒开出的20万大洋的天价却又让张伯驹不得不知难而退。1936年，当听说溥儒收藏的唐代著名宫廷画家韩干《照夜白图》卷画被专做洋人生意的上海画商叶某买去，正欲售往国外时，张伯驹立即写信给时在北京主政的宋哲元，试图阻止这笔生意，但为时已晚，该画已被一个英国商人带出国境。张伯驹唯恐《平复帖》也遭此厄运，遂通过张大千提出愿以6万大洋收购此帖，但溥儒仍未答应。1937年初，张伯驹应故宫博物院之邀来京鉴定古代字画。春节前夕，获悉溥儒的母亲病故急需用钱，执着的张伯驹通过好友傅增湘第三次与溥儒洽商，双方经过一番讨价还价，终以4万大洋成交。

张伯驹收得《平复帖》的消息很快传到几个深知中国文物价值的日本人的耳朵里。他们通过古董商找到张伯驹，声称愿出30万大洋高价收买，被张伯驹严词拒绝。抗战期间，北平沦陷，张伯驹携眷入秦，为安全计，将《平复帖》藏在衣被之中。他们全家虽颠沛流离数载，但《平复帖》却仍安然无恙。1941年，张伯驹被土匪绑架，绑匪索价300万元（伪币）。面对生死的紧要关头，张伯驹却对家人说，我的收藏是我的命，我死了不要紧，字画一定要留下，你们绝不能卖掉字画换钱来赎我，那样的话我不出去！就这样，张伯驹与绑匪僵持了近8个月，他宁可被撕票也不肯变卖一件藏品的信念始终没有动摇。直到绑匪妥协，将赎金降到40万元。张伯驹的家人经多方筹借，才凑足数目将张伯驹救出。《平复帖》也逃过了一次劫难。

《游春图》是隋代展子虔的山水画，它是保留至今年代最早的绘画作品，画上有宋徽宗赵佶的题签和清乾隆皇帝弘历的题诗，可与凡高的《鸢尾花》、达·芬奇的《蒙娜丽莎》相媲美。此画一直深藏皇宫，后被溥仪携至长春，流落民间，被北京琉璃厂玉池山房的老板马霁川购得，欲以800两黄金出售。当时战乱频仍，国家凋弊，能够出此高价购买的只有外国人。张伯驹深知《游春图》随时有流落到海外的危险，遂游说故宫收购此图。然而故宫当时经费困难，无力购买。张伯驹只得硬着头皮找到文物商，晓之以理，动之以情，力陈《游春图》是国宝，无论如何不能流失国外的朴素道理。画商终被他的拳拳爱国之心所感动，降价至220两黄金。为了凑足这笔钱，张伯驹只得忍痛割爱，卖掉了弓弦胡同占地15亩的似园，凑足了220两黄金交给了马霁川。但马霁川却借口金子成色不佳，要求再追加20两黄金。最后，还是张伯驹的夫人变卖了首饰换得20两黄金。手中捧着来之不易的《游春图》，张伯驹不禁潸然泪下。他名其居为"展春园"，自号"春游主人"，以示纪念。

溥仪被赶出北京城时，带走了大量珍贵文物，宫中嫔妃及权臣也趁机偷走大量古玩字画。抗战胜利后，这些珍贵文物和古玩字画陆续出现在市面的古玩书画店中。张伯驹根据《故宫藏画目录》考定，在所散失的1198件书画中，有精品400余件。为了不使真迹国宝流失国外，张伯驹以舍我其谁的责任感，不惜倾家荡产，先后收购了数百件文物珍品。

但使国宝永存吾土

张伯驹为人淡泊，他收藏书画，不是为了发财，或是满足个人的癖好，而是为了传薪和光大中国传统文化。他曾在书画录里写道："予所收藏，不必终予身，为予有，但使永存吾土，世传有绪。"这短短数语明确表达了他收藏的目的，也是他践行一生的座右铭。

张伯驹收藏的更为可贵之处，是他最终将收藏的珍品书画无偿地捐献给了国家。1952年，张伯驹先生将《游春图》捐献给国家，入藏故宫博物院。当时，文化部副部长郑振铎准备给一些报酬，张伯驹执意不肯接受，他说："东西在我的手里，就是在国家的手里，我怎么能和国家分你我，一定上交国家，无偿捐献！"1956年，他将所藏的晋陆机《平复帖》、唐杜牧《张好好诗》、宋范仲淹《道服赞》、宋蔡襄《自书诗卷》、宋黄庭坚《诸上座帖》、宋吴琚《杂书诗帖》、元赵孟頫《章草千字文》以及元俞和楷书帖等8件国宝级的书画捐给了文化部。当时的文化部部长沈雁冰签发了褒奖状，盛赞了张伯驹"化私为公，足资楷式"的义举。

1961年，经陈毅元帅介绍，张伯驹夫妇来到长春，张伯驹出任吉林省博物馆第一副馆长。4年后，他又将宋杨婕妤《百花图》、宋赵伯啸《仙峤白云图》、元赵孟頫《篆书千字文》、唐人写经《大般

1937年，张伯驹的夫人、画家潘素在上海

若波罗蜜多经》等30余件书画藏品捐献给了吉林博物馆。其中《百花图》是我国绘画史上保存下来的第一位女画家的作品。张伯驹曾说："我终生与书画为伴，到了晚年，身边就只有这么一件珍品，每天看看它，精神也会好些。"但这样一件被他视为精神慰藉的作品，最后也毫无保留地捐献给了国家。

张伯驹先生的收藏，使一大批珍贵的书画避免了外流的厄运。今天，我们能够在故宫博物院、吉林省博物馆有幸目睹到一大批宋、元书画的真迹，应当归功于张伯驹先生的30年收藏，我们更应当向他表示最诚挚的感谢和崇高的敬意。

1982年2月26日，张伯驹先生在北京病逝，享年85岁。

捐献《雪景寒林图》的张叔诚

《雪景寒林图》是北宋大画家范宽的作品，画面上群峰耸立，山势嵯峨，皑皑白雪，寒气逼人，秦岭神采，尽收眼底。清代著名的收藏家安麓村曾盛赞此画为"宋代画中当为无上神品"。这幅名画几经劫难，几易其手，终被收藏家、鉴赏家张叔诚先生收藏，并于1981年捐献给国家。如今，它已成为天津博物馆的镇馆之宝。

收藏鉴赏

张叔诚，名文孚，别名忍斋，1898年生于直隶通县（今属北京市），前清工部右侍郎、总办路矿大臣张翼之子。他的童年时代是在北京度过的，那时，一到农历腊月中旬，就有小贩沿街叫卖杨柳青年画，而他总是缠着父母给他买上几张，自己关上房门细细品味。年画上，赏心悦目的绚丽色彩，祥和欢乐的环境气氛，音容笑貌的人物形态，动

张叔诚正在查阅相关资料

听幽默的题词，惹人逗趣的故事情节，以及符合人民欣赏习惯的章法结构，深深地吸引着他，这也是他接触最早的绘画艺术品。

父亲张翼是一位文物爱好者，最喜字画和古陶瓷器，其兄受父亲影响，也爱研究金石字画。在家庭气氛熏陶下，张叔诚在十二三岁时即对文物产生了浓厚的兴趣，同时也学到了不少有关收藏和鉴赏文物的基本知识。父兄相继去世后，张叔诚便继承了他们的衣钵，全身心致力于文物收藏。1931年，还在北京琉璃厂集资开设了宝古斋古玩店。抗日战争爆发后，张叔诚隐居天津，闭门谢客，日以欣赏古玩为乐，直至1995年去世。

张叔诚是一位实业家，更是一位收藏家。他自幼受父兄影响，一生与文物结下不解之缘，收藏书画、玉器、青铜器、碑帖及各类文玩。他认为，收藏文物应以珍藏和鉴赏为目的，而不应附庸风雅，更不能唯利是图。在旧中国，他为避免文物遭帝国主义列强的掠夺，不惜重金，多方搜求，使很多国宝有幸保留到今天。

石涛的名画《仿张僧繇青绿山水》原为关伯衡收藏，后卖给了江苏人濮一乘。因经济问题，濮欲以此画做抵押向北京盐业银行借款，但银行没有这项业务，遂由该行经理朱虞生以3000元将画买下，交与北京琉璃厂茹古斋，标价5000元代为出售。张叔诚一见到这幅名画立刻眼前一亮，再也不肯放手，按时价此画定价确实很高，但张叔诚仍把它买了下来。张叔诚与该号掌柜白午楼素有私交，白遂免收了5%的佣金，最终以4750元成交。一年后，日本人要办书画展，托友人出价2万元要买这幅画，此后，又不断有人出更高的价钱欲购此画，均被他婉言谢绝。

张叔诚善于鉴别真赝，发掘珍品，又是一位鉴赏家。为辨别书画真伪，他曾悉心研究过画论，恪守明代著名画家董其昌"五不可"的遗训：灯下不可，酒后不可，雨时不可，妄加批评不可，武人（不懂画的人）不可。别人都讲看画，他却讲读画、审画，把画悬在室中，端坐画前，一笔一笔地读，一画一画地审。他鉴赏画作真伪的原则是七分看画，三分查阅有关书籍。

宋代大画家范宽的《雪夜寒林图》，是一件三拼绢的大画幅，清代著名收藏家安麓村在《墨缘汇观》中盛赞此画为"华原（即范宽）生平之杰作""宋代画中当为无上神品"。据说，范宽的作品在国内仅存两幅，一幅现存台湾故宫博物院，另一幅即为《雪夜寒林图》。这幅画在明末清初为天津大盐商安仪周所收藏，安死后由其子孙变卖，当年的直隶总督购得此画，将它呈献给乾隆皇帝，后存于圆明园。1860年，英法联军焚毁圆明园，抢走了大批珍贵文物，《雪夜寒林图》也是在劫难逃，被外国士兵拿到书市上拍卖，幸被张叔诚之父张翼发现，以重金买下后秘密带回天津，成为传家之宝。

除书画外，旧玉、青铜器和成扇也在张叔诚收藏之列，明代瓷器窑变观音便是他收藏的一件稀世珍宝。

窑变观音系明宪宗成化官窑烧制的五彩观音，为当年海内外仅有的一尊明代质量最佳的瓷佛像。像高二尺九寸多，瓷质精细，乃罕世珍品。"窑变"是指釉料在火力失常、纯度不够或配料不当等情况下，使瓷器色彩出现了异常变化，而这种变化往往能产生意想不到的艺术效果，因此深受人们喜爱。窑变最早产生于宋代的钧窑，是由于工匠不慎，温度突然冷却所造成的，使其表面釉色互相渗透，红里有紫，紫里有蓝，蓝里泛青，青中透红，变化万端。这原本是瓷器的一种缺陷，但由于这种变化可遇而不可求，天然成趣，反而成了珍品，博得收藏家们的钟爱。因此，窑变技术从宋代一直沿传至今。

据说，明宪宗曾为母亲修建一座庙宇，名曰大报国寺，皇太后欲在庙中供奉一尊佛像，差人到各地寺庙去"请"，终未有如意者，便在景德镇烧制了一个窑变五彩观音。1900年八国联军进攻北京，火烧大报国寺，把窑变观音扔到寺外，致使宝物手脚残破、背部开

捐献《雪景寒林图》的张叔诚

裂。后几经辗转，被清朝一个姓赵的内务府郎中发现，此人是张翼的挚友，对瓷器有精湛的鉴赏力，他用几块银圆买下窑变观音后送给了张翼。张翼得此宝贝后，欣喜若狂，请人把残破部分修理后带回天津。后来，窑变观音落户天津的消息不胫而走，引来了不少古董商的垂涎。其中，有一位名叫郭宝昌的文物鉴赏家，与张叔诚过从甚密，特意从北京赶到天津在张叔诚家小住，以求目睹窑变观音的神采。返京后，郭请山东枣庄中兴煤矿公司总经理朱启钤出面，要张叔诚以20万美元将窑变观音转让给他，张叔诚以先人遗物不敢变卖为托词，婉言谢绝。早已相中窑变观音的郭宝昌哪肯轻易罢手，复托中南银行经理张重威说项，并称价钱方面还可以再提高，只要张叔诚提出来，他尽可满足。但张叔诚仍未应允。他认为，文物是祖国历史文化发展的实物见证，是不能再生产的特殊物品，保护这些国宝，是每个炎黄子孙义不容辞的职责。就这样，窑变观音在张叔诚家中珍藏达半个世纪以上。但天之造物，岂有定数？这件宝物后来竟毁于"十年动乱"！这不能不说是中国文物历史上的一大憾事！

理想归宿

天津解放后，张叔诚就曾以自己的收藏支持尚在起步阶段的新中国文博事业。1957年天津市艺术博物馆筹备开馆初期，时任天津市文化局顾问、著名文物鉴赏家韩慎先为开馆征集文物，来到张叔诚先生家中，精心挑选出宋马远《月下把杯图》、宋杨无咎《墨梅图》和宋张择端款《金明池争标图》等宋画中的稀世杰作，征集到博物馆，成为该馆初创时期的基础。

为给家传国宝找到理想的归宿，为使更多的人了解祖国灿烂的文化遗产，为实现他"化私藏为公有"的多年夙愿，张叔诚决定将家藏的珍贵文物悉数献给国家。1981年、1986年和1987年，他先后三次将自己一生精心收藏的481件名贵古玩字画捐献给国家。除《雪夜寒林图》、《起居平安图》、《仿张僧繇青绿山水》、青铜乐器克镈等传家之宝外，还有宋人无款画《牛》《溪山邂昆图》《芦雁图》《锁谏图》；钱选的《花鸟图》《青山白云图》；方方壶的《葡萄》轴；陈琳的《竹林七贤》轴；黄子久小幅《山水》轴；赵孟頫的书法《洛神赋》卷等稀世作品。其中青铜乐器克镈，为西周晚期青铜打击乐器，重达38.3公斤，呈椭圆形，镈顶平，上面铸有79字铭文，是研究周代政治、经济、军事和青铜工艺的重要文物。在《周金文存》《两周金文辞大系图录》《三代吉金文存》均见著录，为西周中晚期青铜器中的名器。此宝现身津门，受到全国各文物专家的普遍关注。

张叔诚收藏的西周克镈

天津市政府为表彰他和周叔弢先生的爱国义举，于1981年3月8日隆重召开了"周叔弢、张叔诚先生捐献文物图书授奖大会"，市长胡启立高度评价了二老的爱国举动，并向他们颁发了奖状和奖金。同时在天津市艺术博物馆特举办了"周叔弢、张叔诚先生捐献文物展览"。在捐献仪式上，张叔诚激动地说："把我所藏的文物献给国家，……将来在文物部门的精心保护下，不但可以永远流传，还可以有计划地不断展出……这不是藏在任何私人手里所能比拟的。想到这里，我的内心无比愉快。"

张叔诚（右）与周叔弢在一起

　　1995年7月7日，97岁的张叔诚先生安然仙逝。老人走了，但他却留给我们一笔无法用金钱计算的精神财富。

"双鉴楼" 主人傅增湘

他早期致力于教育事业，在天津创办北洋女子师范学堂、天津女子公学、高等女学，开中国女子教育之先河；他遍访全国收藏家，广聚天下古籍，名动天下的"双鉴楼"藏书达20余万卷；他以校勘、传播古籍为己任，一生校书800种1.6万余卷，影印百余种善本书；他就是曾任民国教育总长，我国近代著名教育家、藏书家、版本目录学家傅增湘。

早年致力于教育

傅增湘，字润沅、沅叔，号双鉴楼主人，晚号藏园老人，1872年出生于四川泸州江安县的一个官宦家庭。幼年入塾读书，随父宦游江浙等地，1881年定居天津。1888年在河北顺天府应乡试，中举人。1891年入保定莲池书院受业，学业精进。1898年会试，中戊戌科二甲第六名进士，选入翰林院为庶吉士。1902年秋入袁世凯幕府。1905年，在天津创办北洋女子师范学堂、天津女子公学和高等女学三所

傅增湘

女子学堂，并亲任北洋女子师范学堂总办，开中国女子学校教育之先河。1908年，傅增湘在北京兴建京师女子师范学堂，担任第一任总理（校长），兼任直隶提学使。在任三年期间，大力推广小学，他认为"欲教化之普行，惟小学实为先务。而小学之推展，则乡僻尤为要图"。连年不避寒暑，亲赴全省各县，遍及荒村野寺，视察学校，旁听讲课，评定优劣，申以奖惩，亲自授课，以作示范。又在保定、天津、邢台、滦州四县创设初级师范学堂，为全省充实和储备师资竭尽心力。

1911年，参加唐绍仪为首的北方议和代表团。议和未成，辞职后回到天津，渐生收藏古籍癖好。1917年，入北洋政府王世珍内阁任教育总长，整顿全国各级学校，推广师范及实业教育，重视为国培育专门人才，曾力主送徐悲鸿等有为青年去国外留学。"五四运动"爆发后，北洋政府主张解散北京大学。傅增湘坚决反对，并以辞职力争。北京大学校长蔡元培愤然辞职出京。傅增湘也因反对镇压学生和拒签罢免蔡元培命令而辞职。退职后定居北京石老娘胡同，贮书于宅旁园中，取苏东坡"万人如海一身藏"诗意，名其园为"藏园"，自号"藏园居士"。对官场早已心灰意冷的傅增湘，从此专心于收藏图书，校勘典籍，再未步入仕途，而他开始大规模收藏古书也是从此时开始的。

遍访全国收藏家　广聚天下古籍

傅增湘一生勤于访求，经常流连于北京的琉璃厂、隆福寺书肆，别人不去的街边小摊，他也从不放过。他每年还专程到江苏、浙江、安徽等省的文化兴盛之地寻书访友。每得知某地有善本，必求一得，倘若资力不及，也必求一见，把书借来进行校勘。其所得薪金，除生活费用之外，全部用以购书。有时绌于资金，往往借债收书，或卖旧换新。访书时，他必携笔记及一部莫友芝撰《邵亭知识传本书目》。所见善本，摘其大要，详记于笔记册上，题名《藏园瞥录》；记各书行款、序跋、碑记于《邵亭知见传本书目》上，以便检校核对，题名为《双鉴楼主人补记邵亭知见传本书目》。数十年中，《藏园瞥录》集至40余册，《邵亭知见传本书目》也批注殆满。出版家、校勘家张元济曾说："藏园大业，校雠目录，当代所推……独《瞥录》一书为图书渊海，于目录校雠，稗助尤闳。"

傅氏家族都有藏书的嗜好，先人曾给傅增湘留下一部元本《资治通鉴音注》。1916年，傅增湘又从教育家、两江总督端方手中收得南宋绍兴二年（1132）两浙东路盐茶司刊本《资治通鉴》。二者相配，俪为双鉴，遂将其藏书楼命名为"双鉴楼"，以示纪念。两年后，他在清末诗人、国子监祭酒盛昱家偶见南宋淳熙十三年（1186）宫廷写本《洪范政鉴》。此书为盛氏藏书之冠，是南宋内廷遗留下来的一部最完整的写本书。其书笔法清劲，有唐人写经之风格，桑皮玉版，玉楮朱栏，有内府玺印，为古籍

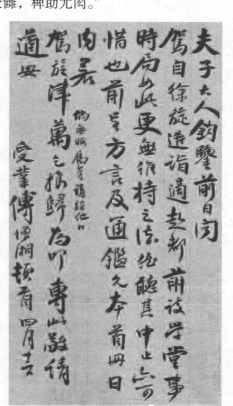

傅增湘致收藏家李盛铎书札

中罕见之珍宝。从南宋至清末，它曾在内府保存700余年，民国初年流落民间，被盛昱收藏。自此次谋面后，傅增湘魂牵梦萦十数年。1928年初春的一天，忽有一个书商在北京琉璃厂出售此书，由于卖价极高，他人皆望而却步。而傅增湘却有踏破铁鞋无觅处，得来全

不费功夫之感，一时难以筹措这笔巨资，遂毅然舍鱼而取熊掌，将自己珍藏的三筐日本、朝鲜古刻本卖去，换钱以购此书。从此，《洪范政鉴》取代了《资治通鉴音注》而成为"双鉴"之一。

傅增湘收藏古籍是从辛亥革命后开始的。他在参加南北和谈期间曾用百金买到一部宋版书《新刊诸儒批点古文集成》，这是他生平所购第一部宋版书，自然十分珍爱。1911年6月，在全国教育会上，傅增湘与张元济相识。他遂请张鉴定此书。张观后遗憾地表示，此书为曾被馆臣删改得面目全非的清四库进呈本。听罢此言，傅增湘深为自己的百两黄金而痛惜，也为自己学识浅薄而感到惭愧，更为能结识张元济而感到庆幸。从此，他与张元济结为密友。张元济对傅增湘今后的收藏、校勘给予了很大帮助，傅增湘则在张元济主持影印大型丛书时给予了鼎力支持。他们在收藏、校勘、保管、影印古籍等方面多有合作成果，素有"珠联璧合"之美誉，并不断书信来往交流心得。1983年商务印书馆出版的《张元济傅增湘论书尺牍》，辑录了他们40余年、达30多万字的所有有关古籍收藏、校勘方面的书信来往，见证了他们深厚的文字之交。

限于资财，傅增湘无力广收传世善本，却常常能在不为人所取的旧书中发现一些沉晦多年的精品秘籍。如某书商从山西收来景祐本《史记集解》在津出售，而当时京津一带很多藏书家认为该书是不值钱的明朝南京国子监印三朝本。辗转数年，无人过问。后被傅增湘以平值收得，价值连城。文物收藏界这才茅塞顿开，后悔不迭。

他与同时代邓邦述、袁克文、周叔弢等诸多藏书家均有密切交往，互通有无，相互馈赠和代为搜书，并终将清末收藏家端方、盛昱、徐坊、景朴孙、李鸿裔、唐翰题、吴重熹、缪荃孙、费念慈等的藏书先后收归双鉴楼。经过数十年的努力，傅增湘以收藏珍贵善本、孤本之多著称于世。双鉴楼所藏，计宋、金刊本约150种，4600多卷；元刊本数十种，3700余卷；明刊本及各名家抄校本3万卷以上，总计收藏达20万卷以上。成为继陆心源晒宋楼、丁丙八千卷楼、杨氏海源阁、翟氏铁琴铜剑楼之后的又一大收藏家。

以校勘、传播为己任

与其他藏书家不同，傅增湘不但藏书，且能校书，并以校勘与传播为己任。傅增湘的收藏虽多为孤本、善本，但他仍尽量影印出版，流传于世，以供学人探讨研究；有同人借阅，他也是有求必应。他曾说：天下古籍为天下人所共有，而不是个人的私有之物。我竭尽全力收藏数万卷古籍，绝不是为了我一个人独自欣赏，目的在于发扬光大中华民族悠久历史，使其光气精神借吾手而被于天下。这样才能上不负于古人，下亦自慰其辛苦。所以，我的藏书自己校勘者十之七八，传播者十居四五，这才是一个藏书人的责任。

1916年，傅增湘收得宋版《资治通鉴》后，立即影印流传。著名绍兴监本《周易正义》，原为临清徐氏收藏，一直被其深藏室内，不肯示人，更不用说借阅或影印了。所以该书被尘封数百年，宋代以后的学者，只听说过而无一人见过。1934年，傅增湘借贷1.3万元巨款收购此书，不久即影印行世。商务印书馆辑印《四部丛刊》《续古逸丛书》《百衲本二十四史》时，也曾采入双鉴楼藏书数十种之多。数十年来，傅增湘自行影印了《龙龛手鉴》《方言》《困学纪闻》《永乐大典》等善本。为了传播蜀人著作，又复刻了宋本《方言》《汉司马相如传》《诸葛武侯传》《龙川略志》《老苏事实》《歔欷琐微论》《老子道德经集注直解》《王荆公诗注》《颐堂集》及元本《道园遗稿》等12种，汇编成《蜀贤遗书》。集《家事旧闻》《太宗实录》《榕村语录》等善本书，刊成《双鉴楼丛书》12种。

傅增湘少年为学时，痛感古籍流转过程中讹误太多。辛亥革命后，在长期与杨守敬、沈曾植、缪荃孙等著名校勘学家的往来过程中，更加感到校勘古籍对于学术研究的重要性，决心毕生校勘古籍，为后人创造条件。他说："独于古籍之缘，校雠之业，深嗜笃好，似挟有生以俱来，如寒之索衣，饥之思食，如无一日之可离。"

傅增湘手中善本、孤本极多，因此，他每校一书，必兼采众本，以采众家之长，有时一本书要校上几遍，其间反复推求各版本之间的优劣与流变，并详细记录下自己的校勘经过。为校勘群书，傅增湘数十年间足迹遍布全国各地著名图书馆与藏书楼。1927年他出任故宫博物馆图书馆馆长。为了解日本收藏中国古籍情况，1929年东渡日本，遍观日本宫内省图书馆、内阁文库、岩崎氏静嘉堂、前田氏尊经阁所藏宋、元刻本。

傅增湘认为，人生在世，总要为人类做有益的事，校书就是对人类文明极有益的一件大事。1911年以后，他曾规定自己每天至少校书30页，白天时间不够，就深夜苦校，以至校书成痴，"数十年来曾无经旬之辍"。他说，世间的善本珍籍无数，自己是不可能全部收藏到的，但每见一书就借来对校一次，其作用甚至胜过书归自家收藏。为此，晚年的傅增湘更是终日伏案校书，甚至通宵达旦。1000卷巨著《文范英华》就是他在70岁后才完成校勘的。这样一部巨书就是四个年轻人不停地工作，也得校勘一年。他所付出的心血由此可见一斑。从1893年到1944年，傅增湘校勘50余年，校书800种1.6万余卷。其校书之专，在历代藏书家、校勘学家中是极其少见的。

傅增湘还是近代一位成果卓著的目录学家。他每得一书，就撰写题跋一篇，每见一善本，也要撰写一条书录。他的著作《双鉴楼善本书目》4卷、《双鉴楼藏书续记》2卷、《藏园群书经眼录》19卷、《藏园订补郘亭知见传本书目》23卷、《藏园群书题记》20卷、《张元济傅增湘论书尺牍》1卷、《藏园游记》16卷等均已公开出版，共计450万字。这些作品是辨版本之异同，校字句之谬误，穷搜宋代刻工姓名、避讳字样的可靠而又翔实的资料。他曾自豪地说，我所作藏书题识于版本校雠之学，能开目录学家所未开。余嘉锡评论他所作的题记时说："四部九流，无所不备，以视陈仲鱼《经籍跋文》，精密相似，而博瞻过之矣。"

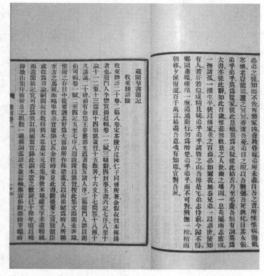

傅增湘的《藏园群书题记》

傅增湘对故乡四川感情极深，但自1920年离乡后，就一直没有机会回去，他说："生为蜀人，宜于故乡薄有建树。"他遂亲手编订《宋代蜀文辑存》100卷，辑录文章2600余篇，作者450余人。1944年，为筹集此书印刷费用，又不惜售去所藏宋元刻本100余种。为传播蜀人著作，他精选善本书12种，由当时名家雕版，编成《蜀贤遗书》，为传承蜀学倾注了心血。后又将外库书籍34000余卷，捐赠四川大学。

大多捐赠　部分流失

1944年春，72岁的傅增湘突患脑血栓，半身瘫痪，卧病在床。傅家的生活渐入窘境。在此后的日子里，傅增湘的藏书，除为更新流通有少量售出外，还有一批为维持生计而不得不出售，他一直视如家珍的景祐本《史记》、宋蜀本《南华真经》也在其中。他给友人的信中提到："藏书不能终守，自古已然。吾辈际此乱世，此等身外物为累已甚。兼以负债日深，势非斥去一部分不可。"更让人感到遗憾的是，他收藏的宋刻《后汉书补志》《魏书》等善本书，也在这一时期流入海外。

琼琤流水隔橋閒靜坐蒼苔映翠雯陽雀夜啼千嶂
月蕙蓀閒鎖一溪雲曾傅白雪飛初地詎有青牛立
夕曛幽境攌憐臨驛路馳煙誰勒勒草堂文
績臣仁兄正是
清泉逸叟傅增湘

傅增湘書法作品

晚年的傅增湘已感到私人收藏书籍既不利于长期保护，也不利于发挥中华民族文化遗产的社会价值。在《双鉴楼藏书续记》序言中他就曾写道："物之聚散，速于转轮，举吾辈耽玩之资，咸昔人保藏之力，又讵知今日矜为帐秘者，他日宁不要之覆瓿耶！天一（阁）散若云烟，海源蹒于戎马，神物护持，殆成虚语，而天录旧藏，重光黎火（指故宫图书馆）。液池新筑，突起岑楼（指北京图书馆）。瑶函玉籍，富埒姻媪，知私家之守，不敌公库之藏矣。"

身染重病时，傅增湘自知不能再行校勘，遂首先将自己1.6万余卷古籍捐赠北京图书馆，并遗命家人将其珍藏的"双鉴"捐献国家。1949年傅增湘逝世后，家人遵其遗嘱，将包括"双鉴"在内的宋、金、元本，明、清精刻、名钞、名校本及经傅氏手校本，捐赠北京图书馆。《北京图书馆善本书目》中著录的傅氏所藏善本书共计280余种。后又将另一批古籍计3.4万余捐赠故乡四川，现藏于重庆图书馆和四川大学。

1948年，国民政府中央研究院选首届院士，傅增湘初为人文组提名人

楷墨留芳——天津近代名人档案

选。为此，胡适曾两度拜访傅增湘于病榻，转致国民党政府之意，愿以专机护送其全家及全部藏书赴台湾，并保证其一生生活无虞。傅增湘不为所动。新中国成立之初，周恩来总理曾派人持函探望重病中的傅增湘，遗憾的是未及相见，他已于1949年10月20日病逝于北京藏园，安葬于北京西郊福田公墓，享年77岁。

与刘和珍一起牺牲的魏士毅

"真的猛士，敢于直面惨淡的人生，敢于正视淋漓的鲜血"，这是鲁迅先生《记念刘和珍君》一文中的经典之句。刘和珍是鲁迅的学生，在1926年"三一八惨案"中被执政府枪杀。这场惨案共有47人遇难，其中就有天津人、燕京大学的女学生魏士毅。

身体柔弱　意志坚强

魏士毅，天津人，1904年生于一个普通商人家庭。自幼多病，然天资敏慧，赋性温厚，极得父母怜爱。1914年秋肄业于天津普育小学。因病辍学两年后，转入天津官立第十小学四年级继续学习。1918年秋，复因体弱休学一年。唯其聪明资质，不以患病稍受影响，这一年边养病边自修学业。1919年秋投考天津严氏中学，以优等成绩被录取。1923年中学毕业后考入燕京大学女校预科，翌年升入该校理科数学系。

魏士毅居恒静，坐潜思，研求学理，领悟或兴趣极浓之际，则废寝忘食。学愈进而体愈弱，胃病时有发作，但她自强不息，常以体弱为耻，坚持运动锻炼而谋补救之方，一年后竟以排球健将而闻于女校。

其父多病，老母年近半百，家中尚有弟妹，生活拮据。为了减

楮墨留芳——天津近代名人档案

1926年第297期《图画时报》中的魏士毅遗像

轻家庭负担，她在周末常到北京各戏园兼任招待员，以求自给自足。

她性情恬静，待人真诚，做事干练，极具组织能力和号召力。为此，当选为该校天津同乡会会长。她既有刻苦学习的毅力，又有强烈的爱国思想，关注国家前途命运，做事果断勇敢，经常参加各种集会、游行、演讲、散传单等活动。为表示革命的坚决性与彻底性，她不但让家里的男性剪去长辫，自己也率先垂范地剪掉了一头秀发。

为国请愿　惨遭枪杀

1926年3月12日，国民军与奉系军阀作战期间，日本军舰掩护奉军军舰驶进天津大沽口，炮击国民军，守军死伤10余名。冯玉祥的国民军坚决予以还击，将日舰逐出大沽口。16日，日本竟联合英美等八国领事向段祺瑞执政府发出最后通牒，提出拆除大沽口国防设施的无理要求。列强的蛮横无理，引起民众公愤，李大钊等领导的中共北方区委决定，18日上午10时组织北京各学校和群众团体在天安门前举行国民大会。

燕京大学男校自治会于上午8时一刻接到北京学生总会一封公函，请该校加入天安门集会。自治会乃于9时在礼堂召开全体同学大会商议此事。大家一致同意参加，并选举崔毓林为总指挥。消息传到女校后，学生会会长黄乔云也在女校召集大会，一致通过参加。9时半，燕京大学男校约300人、女校五六十人从学校出发至天安门前小会合。

当时社会各界集会人士已达5000余人，国民大会主席代表站在高高的台上演说大会宗旨，台下掌声四起，欢声雷动。闭会后，各界代表复至海军部东辕门外的国务院请愿，沿途高呼口号，游行队伍浩浩荡荡。魏士毅高举校旗走在最前列，行至东单牌楼时，曾由同学齐桑为其摄影，岂料一小时后，此影竟成其最后遗影！

至国务院后，燕大学生集体立于围墙内东北隅，距小马号（停车处）甚近，距院府大门更近。岂料，执政府卫队长竟下令向请愿人群开枪！据《燕大周刊》记载：“开枪声初发时，魏女士与罗君学濂、徐琼英女士等避于小马号内，不久遂失去，想系冒险向东辕门逃走。又闻，本校王君致谦曾尽力向外拉魏女士，不幸未拉出。又闻，魏女士中弹倒地以后尚能微动，女校同学李佩光女士适见其惨状，魏女士乃向李女士摇头，大约表示将死之意。魏女士之一腿被他尸压住，李女士乃使力外拉。时忽一卫兵前来，欲刺李女士，女士乃急逃去。大约此时卫兵见魏女士奄奄一息，继之一刺刀。呜呼，魏女士死亦惨矣！此种残暴之生畜，与其主使者，虽课之以极刑，犹不足以逭其罪也！又闻，卫兵专向穿洋服之男子及剪发之女生刺击，因洋服、短发皆共产党之标志，魏女士已剪发，故被击死。”

是日晚7时许，魏士毅的尸身由燕京女校校务长费宾闺臣领回，时在校同学全体哭迎，哀声震动天地。经检验，魏士毅身中两弹，其中一粒致命子弹自左乳入，由右脊穿出，一处刀伤直穿前胸，目睁口张，死状极惨。灵柩暂时停放于女校礼堂，后由费校务长、崔太太、苏女士等为死者清洗创痕，重新换棺装殓，血水竟有三桶。是晚，女校教职员等轮值守灵。

学校追悼　立碑纪念

对于魏士毅的壮烈殉国，燕大教职员和同学既哀其不幸惨遇，复壮其牺牲之精神。燕京大学《燕大年刊》出版了40页的"追悼魏士毅女士专刊"，《良友》《北洋画报》《图画时报》也图文报道了魏士毅牺牲始末，发表社会各界的追思文章。

燕京大学于19日在女校礼堂召开追悼大会。是日天色昏暗，乌云密布，雪花纷飞，寒风刺骨，仿佛老天也为魏士毅的牺牲而动容。下午4时，男女两校同学及教职员全体到场。灵堂设于女校礼堂，灵柩置于中央，仪式略仿孙中山先生追悼会。灵柩前放置魏士毅大幅遗像，上覆女校教员陈克明亲手制作的松树花圈，灵柩下及两旁放置众

《燕大年刊》追悼魏士毅女士的专刊

多鲜花篮、花圈等物，礼堂四壁挽联甚多。灵前白烛一对，香炉一盏，现场气氛凄凉沉肃。男校同学立于灵柩之西，女校同学则立于东侧，众人无不神情凝重，低泣暗伤，唏嘘之声，充斥全场。更有一些同学悲痛欲绝，凭棺恸哭。此情此景，怎不令人肝肠寸断！

4时半，女校院长刘廷芳主礼宣布大会开始，他引导着手秉白烛的8名赞礼员（男校4人、女校4人）入堂宣慰，继而众人起立静默数分钟，哀乐即起，低回萦绕。女校同学代表张光禄宣读诔词，字字悲痛，闻者泪下："魏君士毅，热心国事，奋然前驱，夙本羸弱，发生不虞，竟以身殉，芳魂渺寂，同学悲痛，群相悼惜。"宗教学院代表姜汝培致祷文，逝者同班同学集体吟唱挽歌，徐琼英讲述逝者生平，男校同学代表董绍明致唁词。燕大天津同乡会代表姜允长宣读的祭文对逝者给予了充分肯定："就学燕大女校预科，品性纯良，成绩优异，在校三载，凡学校事业，社会服务，无不赖以扶持，同乡等深知士毅女士才能超众，故公举女士充天津同乡会会长，经营计划，措置裕如。"女校歌咏队的挽歌凄婉悲凉。在男校校务长洪煨莲、女校校务长费宾闺臣分致哀词后，燕大校长司徒雷登做最后演讲。逝者家属代表向来宾三鞠躬致谢。追悼会在校圣歌队的圣歌声中宣告结束。

追悼会后，该校同学表示，魏士毅的死感天动地！她的未竟之志"内除国贼、外抗强权"，即为今后吾辈后死同学之职责。

魏士毅的死，最为痛心的是她的慈母。出事当日，学校即给死者的天津家人发去电报，婉称"魏士毅病重，请速来京"。魏母回电称，魏父病重，不得来京。无奈，校方只得实情相告。19日晚11时，魏母乘坐火车由津来京，下车后即至女校痛哭一场。魏母对女儿训育多年，爱似明珠，一朝失去，焉能不为之老泪纵横，痛哭失声！闻者多为之泫然泣下，校务长费宾闺臣在旁劝慰称，人孰无死，女士不死于疾病，独横死于暴贼之手中，红血飞溅于正义之金牌上，

楷墨留芳
——天津近代名人档案

殆亦不幸而幸者矣。

20日晨，天虽已放晴，但更觉寒风刺骨。燕京大学仍停课一天，为魏士毅送殡。9时半，女校一切仪仗俱已完备，男校同学前来送殡者甚众。起灵前，数名同学为灵柩摄影，天津同乡会全体会员集体与灵柩合影，留为永久纪念。魏母扶棺痛哭，全校师生皆为之挥泪。10时起棺，送殡队伍从灯市口出发，由音乐队导领，男校同学在前执绋，女校同学、死者同班生、教职员、天津同乡会会员、魏家亲人依次列后，绵延一里许。下午1时半，灵柩送至崇文门外法华寺内，在大殿旁东侧的一处空房内暂厝。众人行辞灵礼后，相与拭泪而散。

1926年秋，燕京大学男女两校迁入未名湖。1927年3月，为纪念牺牲的魏士毅，燕京大学及附中同学，在新校区化学楼后的草坪上建立纪念碑。碑身一丈余高，上书"魏士毅女士纪念碑"，其下石座上碑铭："国有巨蠹政不纲，城狐社鼠争跳梁。公门喋血歼我良，牺牲小己终取偿。北斗无酒南箕扬，民心向背关兴亡。愿后死者长毋忘。"石碑四周植松柏矮墙围绕。

1929年6月，天津中山公园专员王固磐呈文天津特别市政府，请求在中山公园建立魏士毅纪念碑。同月29日政府批文

1929年第9卷第403期《北洋画报》中天津中山公园魏士毅女士纪念碑

称："呈悉。查魏士毅因三一八殉难立碑纪念，系奉国府明令。该家属呈请在中山公园建立，尚属可行，应准予办理可也。此批。"同年8月，纪念碑正式落成。

天津文人痛悼严智怡

严智怡（1882—1935），字慈约、次约、持约，天津市人，中国近代著名教育家严修次子。1903年留学日本，1907年毕业于东京高等工业学校。1916年组织筹备天津博物院，1922年任该院院长兼天津公园董事会会长。1925年任天津广智馆董事长。1928年天津博物院改组为河北第一博物院，仍任院长，有"中国近代博物馆事业开拓人"之誉。1935年3月21日在津突然病逝，

严智怡遗像

年仅53岁。31日下午3时，在南开学校瑞廷礼堂举行了严持约追悼大会。其亲属、旧友和南开学校师生千余人参加。礼堂正中高悬严持约遗像，上方书写"遗爱千秋"四个大字，遗像下堆满鲜花、花篮、花圈，两侧是百余副挽联。曾任天津县县长、城南诗社

1935年4月6日的《天津商报画刊》"追悼严持约先生专页"

社员陈中岳主祭，南开学校校长张伯苓致悼词。同年4月6日《天津商报画刊》刊发"追悼严持约先生专页"，十数位天津文人撰写挽诗、挽联。

严智怡是城南诗社社员，以津门名士高凌雯为首的全体社员撰写祭文：

严持约先生之灵前曰：呜呼，矫矫严公，视明听聪；勇于为义，侪辈所宗。学古入官，饶有父风；天胡不吊，降此鞠凶？昔在酉年，结社谈诗；以文会友，首轫者谁？君有名父，经师人师；龙蛇应谶，举国同悲（范孙老卒于己巳年）。明德之后，必有达人；善继善述，超群绝伦。初司冬官，继掌成均；菁莪杙朴，功擅陶钧。维君秉德，世仰其责；谋国之忠，治事之专。责人恒薄，律己何严；同社往还，方冀鹏骞；如何不禄，我欲问天。水西之庄，名重莲坡；君承遗训，乐此涧蔼。遗址经营，烬稿规摹；自君之亡，水亦不波。往事杂陈，泪坠如麻；魂兮归来，敢告以私。斯文未丧，乞君护持；幽明岂殊，神其鉴之。呜呼尚飨。

女活动家刘清扬之兄、著名报人刘孟扬作挽联："先一日方共闲谈，笑语如常，讵料当时成永诀；我二人最称莫逆，尘缘顿隔，更从何处觅知音。"

城南诗社社员张芍晖的挽诗记述与严持约的友情和失友之痛："疮痍讵起肺肠中，北冀高贤一霎空；桃李城阴滋化雨（严曾在教育厅任职），栋梁吹折恨罡风。诗催铜钵交欣订，魄濯冰壶术未工；不出里门偏客死（严病逝于医院），盖棺归去泣孤桐。眉山叔党继东坡，莲社缘何屡薤歌（当时城南诗社社友逝者多人）；好友鸿泥入日印（就在当年正月初七日还曾一起合拍小照），高门啼血仲春多（严范孙的忌日也在二月）。一樽竹叶香飞酒，两树梨花艳到柯（严宅有梨花两株，花开之时屡次招饮）；此会今生安得再，黄垆重过泪滂沱。"

张学良的三弟张学曾挽诗云："乍闻噩耗欲天呼，疾痛河鱼陨大儒；永叔学传公子棐，颜渊德迈小人须（他与严均曾在赵幼梅门下）。城南诗酒交同证，冀北纲常教待扶；不有返魂香一缕，莫轻涤魄向冰壶。"

教育家、城南诗社社员刘潜（字芸生）挽诗曰："噩耗初传蓦一惊，茫茫百感集平生；红尘浊世原泡幻，对此难忘太上清。人鬼分明一刹那，医方其奈命途何；丹砂祸比刀兵惨，况复神膏用华佗。如此清闲得几年，灵签一语竟相传；匆匆便向中央去，黄土无情泪泫然。年年褉饮拟桃潭，载酒寻诗三月三；几度回车增腹痛，更无吟兴到城南。菊花天气忆重阳，风雨秋高说故乡；三径就荒尘音绝，何人犹问水西庄。三山晓日百沽潮，豪气年来未尽消；往事成尘忍追忆，空余残梦在清宵。小蟫香馆月黄昏，满树棠梨泣露痕；试作驴鸣君一笑，只堪宋玉赋招魂。"

城南诗社社员吴寿贤挽诗称，他已经7年没有到严宅了，没想到今日前来竟是与好友诀别："七年不到蟫香馆，今日重来为哭君；一院梨花如旧识，无言相对吊斜曛。水西图卷存先泽，庄址重寻见雅怀（严范孙先生曾绘水西庄图，遍征题咏，并语余拟在庄址建诗社，君继承先志，去岁两次在此宴客）；如此英才如此寿，葱茏玉树遽长埋。"

金石收藏家方若挽联深为严持约壮志未酬身先死而遗憾："理有难明，岂是热肠肠竟断；学期致用，如何宏愿愿成虚。"

著名教育家、曾任广智馆馆长李金藻挽联为："辛苦为谁忙，正当哀乐中年，拂意事多如意少；死生诚命定，痛忆凄凉病馆，热肠人到断肠时。"

著名书法家、诗人赵幼梅与严修交往甚密，长严持约14岁，亦师亦友，感情甚笃。21日晨，突然接到严持约病故之讯，赵幼梅不禁"心惊手颤，热泪夺眶而出"。回想起3月16日下午，严持约还曾到自己寓所做客，二人相谈良久。如今屈指算来，仅过5日，竟是幽明相隔！当晚，赵幼梅在灯下拈笔撰写《闻持约病逝》一文，追思了严智怡人生履历和他二人的多年交谊，感慨万千。

严持约为严范孙侍郎第二子，光绪壬午年十二月生人，其伯父严香孙，部郎名之曰连中。持约原名益智，赵幼梅曾为他取字曰损之，范孙先生认为甚佳，但因复于先辈讳，乃改为慈约，后又有次约、此玥，复更字为智怡。在他去世前数月，刚刚自改字为持约。在持约髫龄之时，就深得赵幼梅喜爱。甲午年（1894）严范孙督学贵州时，曾命持约拜赵幼梅为师，并且开玩笑说："令其受业，且托孤也。"言罢，二人相对大笑。庚子年（1900），赵幼梅赴严馆师从张伯苓，学习之余，教授严范孙先生的子侄们书法、诗书，名为学习，"乃实受业矣"。转瞬间，此事已经过去40余年，但此情此景，犹在眼前。

1933年，赵幼梅曾致函严持约，大意是，如今你的精力甚强，又有父执辈数人的扶植，可努力刊印尊翁遗著。流光易逝，且勿因循而荒废。严持约得函后乃退出政坛，专心着手整理其先父旧稿，岂料未竟全功而溘然已逝！据说，1935年春节后，严持约曾赴山西

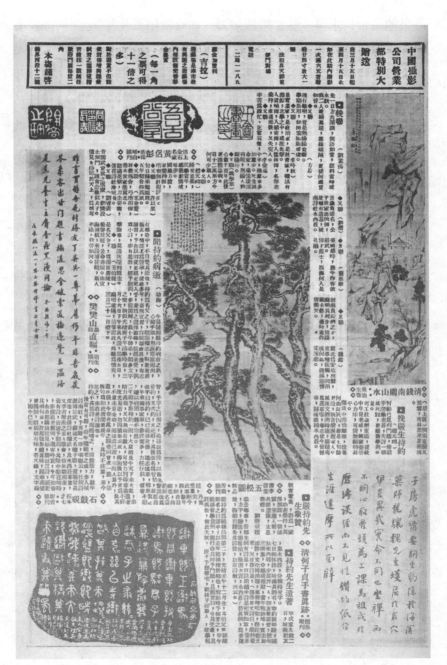

天津众多文人为严智怡撰写挽联、挽诗

万泉的关帝祠求得一签，第四句为"如此清闲更几年"。当时并没有引起注意，后来众人思之，竟成了他生前的一句谶语。

严持约不甚能诗，但酷嗜作诗，乐此不疲，持之以恒，1933年加入城南诗社。当时，赵幼梅曾赠律诗一首，其中有"杜陵诗派传宗武，苏过文名继子瞻"之句，表达了他对严持约寄予的厚望。此后，在城南诗社醵饮和水西庄雅集之时，严持约皆有诗作，初稿完成，即送交赵幼梅修改润色。严宅院中有两株梨树，严范孙先生在世时，每值梨花盛开之时，即邀客吟赏。1935年春，严持约也援先父旧例，邀约诗社社员到严宅。他特意从故都北京购得蜂糕见贻。雅集之时，严持约诗性大发，作诗三首，其中"故都糕点饶真味，归奉高望更馈师"之句，颇为亲切有味。孤灯下的赵幼梅，想起与严持约多年的文字缘，诗文乐，竟在今日戛然而止，不禁潸然泪下。

徐世昌的胞侄徐绪通（字一达）、书法家郭则云、城南诗社社员刘赓垚等均作挽联或挽诗。

为国捐躯的赵天麟

赵天麟曾任国立北洋大学的第三任校长，他倡导的"实事求是"四字校训沿用至今；他曾任开滦矿务局协理，因坚持正义而被推举为英租界工部局董事会华人董事；他曾任耀华学校的校长，开设南开中学"特别班"；他不畏强暴，抵制日本的奴化教育，而被日本特务暗杀，一时轰动全市，震惊全国。耀华学校全体师生及社会各界

被日军暗杀的耀华学校校长赵天麟

爱国人士同声哀悼，自发地组织起来到日伪政府请愿，抗议日军暴行。

出任北洋大学校长

赵天麟（1886—1938），字君达，1886年7月16日出生于天津市。父亲靠养船为生。赵天麟兄妹6人，上有3位兄长、2个姐姐。他自幼聪颖，性格沉静，喜爱读书。1901年在二伯父的资助下，成为当年创办的天津普通学堂的首届学生。中学毕业后，考入北洋大学法律系。1906年作为首批官费赴美留学生就读于哈佛大学，3年后获得法学博士学位。1909年以优异的成绩学成归国，任教于北洋大学，担任法律兼理财学教员。由于他进步的教育思想和出色的教学成绩，1914年3月13日被任命为改组后的国立北洋大学的第三任校长。至1920年1月辞职，共执掌北洋大学校务6年。

担任校长期间，赵天麟不懈地探寻着教育兴国之路，以实事求是的精神对待科学技术，端正学风，脚踏实地地创造和改善办学条件。在办学中，他尤其重视实践环节，组织建设了矿物、岩石、试金、冶金、金图、工业分析、化学、物理、测量仪器、机械等十几个实验、实习室，作为教员讲习、学生实验的基地。设备之精良，品种之齐全，执当年国内大学之牛耳。

图书是学生获取知识的宝库，为了提高和充实学生各方面的知识，赵天麟非常注重图书馆建设。经过几年的补充完善，该校图书馆渐成规模，馆藏中西图书1万余册，中外刊物近200种。图书馆另设法律研究室，室内各类书刊达3670余册。

赵天麟总结了北洋大学近20年的办学经验，概括精练成"实事求是"四字校训，一直承袭至今。赵天麟首倡"实事求是"于北洋大学，更以实事求是的精神治校，学生以实事求是精神学习。为了让全校师生时刻牢记实事求是精神，在赵天麟的倡导下，北洋大学

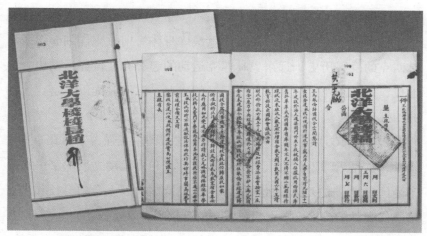

档案中的赵天麟手迹

还制作了自己的校徽。校徽是一个钟形红棕色铜牌，中部镶以景泰蓝的工科大楼图样，两旁镶有"实事求是"四个篆体字。

　　倡导体育运动，增强学生体质，也是赵天麟办学实践的重要内容。北洋大学历来课业繁重，对学习、作业、考试、升级等环节管理得极为严格。为了完成学业，许多学生即使是在周日也要整天学习，这样就忽略了体育锻炼。赵天麟针对这一情况，规定每名学生按其自身的身体健康状况，自选一项以上适合自己的运动项目，并且持之以恒地坚持锻炼。制定体能标准，由体育教员随时检查学生体质的变化情况。检查不合格者，或另选其他项目，或加大运动强度，直到达到锻炼标准为止。

　　学校先后建成了足球场、篮球场、多条跑道，还兴建了一幢长40米、宽20米、高8米的室内体操室，运动器材一应俱全。学校专门聘请多名体育教员和武术教员。在他们的培养下，北洋大学的多名学生在各级各类体育比赛中获得优异的成绩。学校规定，凡在全市、全国体育比赛中获奖者，学校都给予奖励。

　　为了让学生充分重视体育运动，1915年冬，赵天麟特请美国体育专家柯拉克（Clark）先生来校演讲。赵天麟亲自致欢迎词，强调学生在学习优良的同时，还要注重锻炼身体。柯拉克详细介绍了奥林匹克的发展历史，远东奥林匹克运动的起源和在世界运动史上的地位，以及东亚运动会在上海召开的盛况。讲演时配以丰富、生动的幻灯片，使学生产生身临其境之感，深得学生欢迎。

1916年10月11日，天津人民反对法帝国主义强占老西开斗争爆发了，这是天津近代史上继天津教案、义和团运动之后的又一次反帝爱国运动。赵天麟积极响应，当选维持国权国土会副会长和进京请愿代表。维持国权国土会致国会的陈情书，字字铿锵，句句有力，充分体现了赵天麟等反帝爱国的思想："为请愿事。窃惟国于天地，必有与立土地、人民、政事，为立国之三大要素。无土地即无国家主权，人民何所托？政事何所施？故国家疆土不可轻以尺寸予人……窃思国家兴亡，匹夫有责，民国主体即在人民，则土地为人民公产，人人有密切之关系，人人均应负保护之责任。"赵天麟还曾多次代表维持国权国土会与北洋政府官员详谈法帝强占老西开交涉事，并参加了赴京请愿活动。

1919年"五四运动"爆发，北洋大学站在运动的最前沿，罢课声援。学生罢课的组织者孙越崎找到校长赵天麟，报告学生的罢课决定。赵天麟未置可否。后来，孙越崎回忆说，当时赵校长不管教务，对全体罢课不予阻挡，就算难得。后来，北洋当局令赵天麟采取高压手段阻止学生罢课，并制裁领导罢课的学生代表，他严词拒绝，于1920年1月辞去北洋大学校长一职。

受聘开滦矿务局

辞职后，在社会上颇具声望的赵天麟很快就受聘于开滦矿务局，充任协理一职。在当时，协理的职权仅低于经理。但他在任期间，秉公办事，为人清廉，从未利用职权谋取私利，深得同人称道和尊敬。据他的亲友回忆说，因为赵天麟在开滦矿务局有职有权，他的很多亲朋好友都找他介绍工作。但赵天麟在用人上却非常慎重。凡来人，他必先行考查。那些只是凭借关系，贪图安逸、无才无能之辈，他一律拒之门外；而对品行兼优，工作能力强的人才，他则大力推荐，想办法留住。有一年，赵天麟的一个亲戚生活困难找到他，想在开滦矿务局谋个差事。赵天麟深知他虽然为人忠厚，但却缺乏专业技能，很难胜任开滦矿物局的工作，便拿出自己的生活费帮助他度过了一时的困境，而没有给他安排工作。

赵天麟的儿子赵寿冈也回忆说："记得小时候，父亲刚任开滦矿务局协理不久。有一天，一位中年人来到我家，放下一个薄包并告诉用人转交给父亲。晚上，父亲回家后见到薄包，打开一看全是银圆。父亲仔细询问了来人的长相、装束后，确定是下面工厂的一位工头所为。父亲当即令人将该人找来，严厉训斥了一顿，并令其把银圆拿走。后来，这位工头因在工作中为人恶劣，作风败坏，被工厂开除了。"在那个尔虞我诈的年代，相互倾轧的商圈，赵天麟始终不肯同流合污，沆瀣一气，做到出污泥而不染，洁身自好，一身正气。但他对工商界的钩心斗角、唯利是图、明争暗斗现象却早已深恶痛绝，遂于1933年毅然辞掉了待遇丰厚的协理职位。

在长达10余年的任职期内，赵天麟由于坚持正义，业绩卓著，在业内取得了较高威望，得到社会各界的一致认可，遂于1931年被推举为英租界工部局董事会华人董事。这为他日后受聘耀华学校打下了基础。

担任耀华学校校长

担任英租界工部局董事会华人董事后，他不仅为英租界华人争得了利益，而且也为英租界的发展提出过很好的建设性意见，更对教育事业情有独钟，遂经英租界董事会批准，1934年赵天麟正式出任耀华学校校长。

耀华学校的前身是天津公学，1927年3月筹办，10月正式开学。1934年新校址竣工，改称"耀华学校"，寓意光耀中华。对租界林立的天津而言，则又有光耀华人之意。这也正是该校一贯的办学方针。

有在北洋大学任校长的骄人经历，有在天津教育界的较高威望，英租界董事会对赵天麟非常重视，完全信任，这也使他得以施展才华，实现

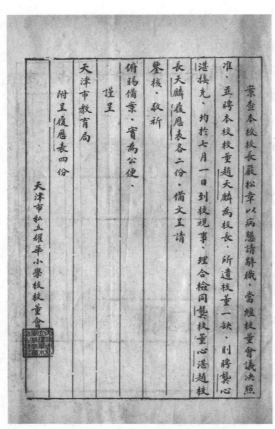

1934年7月2日，耀华学校董事会聘请赵天麟为校长

抱负，能够按照自己的办学思路管理学校。他到任后，正值学校扩建、学生增加、班级增多之时，师资不足的问题日益突出，聘请教师成为他上任后的第一项重要工作。赵天麟在津从事教育工作多年，天津知识界认识他的人很多，加之天津公学教师待遇较高，因此，一时毛遂自荐的、托人推荐的、来函来电求职的接踵而来，让赵天麟应接不暇。但赵天麟清醒地认识到，要办好学校，首先要有一支德才兼备的精良教师队伍。他聘请教师，一不看介绍人的地位权势，二不凭受聘人的资历，而是严把业务考核关口，采取笔试、面试相结合的方法录用教师。事实证明，此次聘请的教师日后都成了耀华

学校的师资中坚力量。

耀华学校地处英租界，社会名流聚集之地，属天津的高档住宅区域，在校学生多有不一般的家庭背景，他们的家长有的是盛气凌人的外国侨民，有的是显赫一时的达官贵人，有的是家道殷实的富商巨贾，有的是皇家遗老的后裔子孙。他们在家都是长辈们的掌上明珠，长期的娇生惯养，形成了他们唯我独尊的性格。甚至有些学生上学、放学都是有专车接送的。有些教师一见这阵势，心理上产生了畏惧之感，管理上缩手缩脚。赵天麟就对他们说："对每个学生我们都要一视同仁，该怎么管就怎么管，家长不愿意有意见，让他们来找学校。"

赵天麟对教师要求极为严格。教师一律坐班制，从早8时至下午4时15分必须在校。一些教师同时担任着家教馆的工作，赵天麟要求他们在接受家教馆聘请之前，首先要向学校递交书面申请，申请书中要说明学生、班级、姓名、人数、上课时间、科目以及报酬等，经学校同意后方可兼职。有位教师因为授课时间是在下午4时，不合学校规定，学校没有批准。后来，经与学生家长协商，将时间顺延至下午5时，才得以解决。发现由于兼职而对在校教学有所懈怠者，他会毫不客气地请他离职。

赵天麟不只是抓主课，对体育、音乐、实验等课程也极为重视。为了提高学校的音乐课水平，他四处寻找理想的音乐教师。他从学校工友口中得知，清华大学有一个张肖虎，酷爱音乐，尤其对西洋音乐造诣颇深，虽然当时是清华大学的土木系学生，但并不喜欢工程学，当时正在天津基督教青年会搞音乐活动。于是，赵天麟就将他请到自己的办公室，经过几个小时的长谈，决定正式聘请他为音乐教师。正是在张肖虎的努力下，耀华学校添置了钢琴、风琴，增设了琴房，成为早期在天津传播西乐的一块发祥地，为天津西乐的发端、传播、发展做出了贡献。耀华学校在音乐方面人才辈出，如郑绪岚、远征、蒋大为、刘欢等都是从这里起步走向音乐的最高殿堂的。

赵天麟为弘扬天津教育尊师重教、严格要求的优良作风，制定了"尚勤尚朴，惟忠惟诚"的校训，简称"勤、朴、忠、诚"，作为每个学生安身立命的目标。这种具有时代穿透力的人生座右铭，直到今天也不失其深刻的社会意义与价值。在这样的精神指引下，耀华学校成绩突出。1936年，在天津举行的首届高中生会考中，耀华学校一举夺得了总分第一！

1934年至1938年，虽然主持耀华校政只有短短数载，但赵天麟苦心经营、增班宏舍、延聘师资、致力教学、制定规章，为耀华学校日后的辉煌打下了坚实的基础。

爱国办学　激怒日寇

"七七事变"后，日军轰炸了南开大学、南开中学及河北师范学院附中等学校。天津沦陷后，南开大学师生南迁，南开中学、民德中学及觉民、中山等学校相继停办。耀华学校由于地处租界而得以无恙。

为了使失学学生尽早复学，尽快安置失业教师，赵天麟顶住种种压力，克服重重困难，征得学校董事会的同意，决定在耀华学校中学部开设特别班，招收失学学生1000余名，南开中学大部分教师也转到耀华学校任教。因学生人数骤增，教室一时不敷使用，遂安排原来班级上午上课，特别班下午上课。当时课程安排是耀华学校学生班次不动，每天照常上六节课，下午4时后，耀华学校学生全部离校，把教室、实验室、图书馆让出，以便南开中学特别班的师生使用。特别班每班50人左右，共设16个班，800余名学生。每天基本上上四节课。

特别班的授课教师是从各校任职任课的教职员中挑选出来的。

南开中学的杨坚白、关健南、刘崇一、杨钦才、孙养林、顾子范等都是特别班的任课教师。特别班设四名教导主任，第一校舍一人，第二校舍两人，第三校舍女生设女教导主任一人。教导主任多为兼职，以任课为主。

赵天麟在日伪黑暗统治下的天津，在国破家亡之际，不惧强暴、不畏生死的义举，得到了学生家长及社会各界进步人士的大力支持，受到南开中学师生及学生家长赞赏和钦佩，同时也成为日本暗杀团的目标。

天津沦陷后，敌伪为了进行奴化教育，下令学校一律使用其指定教材，并升日伪政府旗帜。但每逢节日及学校周会活动时，耀华学校仍悬挂中国国旗、唱中国国歌，在校内组织宣传爱国及抗日活动。1937年12月12日，50多名各校教师在海大道（今大沽路）女青年会，秘密召开抵制日伪奴化教育的会议，赵天麟慷慨演讲。他还多次将被日军列入逮捕名单的爱国学生保护起来，并通过英租界工部局向外输送，甚至送到抗战的大后方。

赵天麟不仅支持学校师生的抗日爱国活动，而且还鼓励自己的亲人积极投身抗日救亡运动。他的侄子回忆说："1937年夏，我正在开滦小学工作。一天日本宪兵突然闯进开滦矿务局抓走了两名职员，一时该局上下人心惶惶，人人自危。我也随船来津，住在英租界五哥家中。叔叔知道后，给我讲了一个美国南北战争时的故事：一位北方联邦政府的将军，发现他的一个平素非常勇敢善战的下属军官，在攻打南方联盟政府的一个要塞时，有些畏难怕死，就叫人取来一顶帽子，里面先是放了一些黑豆，又掺进去了几粒红豆。那位下属军官几次把手伸进那顶帽子里，试图拿出一粒红豆，但几次都是黑豆。将军说，你看，你现在就像在这许多黑豆子中寻取红豆一样，是很难，但总有希望。下属受到启发和鼓励，重新奔赴前线，冲锋陷阵，一举占领了要塞。叔叔对我说，回去工作吧，日本人杀不绝我们中国人，只要我们活着，就要抗争到底，我们要把他们赶出去，首先得做好自己的工作！第二天，我就返回了学校，加入了抗日斗争行列。"

凡此种种，引起日方的极端不满，他们称耀华学校为"抗日大本营"，并捏称耀华学校地下室藏有枪支，几次要求进校搜查。赵天麟利用耀华学校地处英租界内的特点，告知前来搜查的日军，如欲进校搜查，必须通过英工部局，取得英总领事的同意。

1938年4月17日，赵天麟接到英工部局警务处李汉元的电话，通知他以酒井为首的日本宪兵队即刻来校"参观"，令赵天麟准备接待。赵天麟马上电话通知英驻津总领事馆，但适逢英总领事不在。此刻酒井等已来到校门口，赵天麟遂命人加以拦阻，并告知来人现正与英总领事联系。双方僵持近4个小时，才接到英副总领事的回电，电称，先让酒井带人回去，不日内，由日总领事带队，英总领事陪同，再行参观。在校门外等候的酒井虽已暴跳如雷，但也只得悻悻而归。

嗣后，伪教育局派人来校"视察"，工部局事先通知了赵天麟，但在"视察"人员中，竟有着军装的日本宪兵，赵天麟当即以军人不准入校为由加以拒绝。因此，也彻底激怒了日本宪兵队，酒井令日本暗杀团伺机刺杀赵天麟。

特务暗杀　壮烈牺牲

日本暗杀团是日本特务专为杀害抗日爱国人士而组织的，设在特一区（今河西区）静远里，负责人是日军上尉中泽及汉奸李殿臣（绰号"李二先生"）。英工部局警务处获得日军欲刺杀赵天麟的情报后，立即报告了英总领事，并通知了赵天麟本人。为预防不测，警务处特为他派了一名随身警卫，并专门配备了一辆汽车，接送他上下班。此后，赵天麟及其家人连续收到恐吓信，但他仍然坚持爱国行动，并事先立下遗嘱，时刻准备为国牺牲。然而两个月过去了，日军方面毫无动静，工部局遂撤掉了专车。

1938年6月27日清晨，赵天麟让他的儿子赵寿冈给飞艇汽车行打电话，叫一部出租汽车。可电话总是占线，后来终于打通了，对方答应说，车子马上就到。可是很长时间也没见汽车来。赵天麟见时间来不及了，就告别家人，与随身警卫于绍周从英租界伦敦道昭阳里2号（今成都道73号）家中出来步行上班。赵天麟刚要出门时，赵夫人在后面叫住于绍周交代事情，赵天麟一人先走了出来。7时20分许，他刚走出不足百米，只见对面来了两个学生打扮的骑车人，行至赵跟前时，突然从怀中掏出手枪，对准赵天麟连发数枪，赵的胸部、腰部连中四弹，应声倒地。来张自忠家（今成都道60号）串门的巡捕刘宝山恰好从张家出来，见此情景遂掏枪向枪匪射击，但未能击中枪匪，反被枪匪击中腹部两弹。正在门口的于绍周闻声冲了出来，紧追几步，在伦敦道花墙南边，将两名枪匪击倒，一人被击中左腿，一人被击穿小腹。

赵家人听到枪声后，跑到四楼的阳台向马路上看，见赵天麟已经倒在了路上！有人扒下两块砖向特务猛砸，当时击中一名特务。这时，来了两名警察，开枪打伤了一名特务，两名凶手当场被擒获。但当赵的家人跑出来时，血泊中的赵天麟已经停止了呼吸，年仅52岁。遗体经河北天津地方法院检察处检验后，由家属抬回家中。

真相大白　震惊全国

闻讯赶来的英工部局巡捕将两名枪匪及受伤的刘宝山一同送到马大夫医院。两名刺客被送到212病房救治，经过包扎处理后被押送到英工部局巡捕房。住在227病房的刘宝山因大肠被子弹击断，失血过多，医院即刻通知其家属，后经其兄弟输血，医院全力抢救而脱险，一月后痊愈。

两名刺客专由英人罗伯森和李汉元秘密审讯，局内外华洋警方均不准介入，并且谢绝新闻报纸的采访和报道。经审讯，刺客一个叫魏文汉，一个叫何绍洲，他们均为日本暗杀团成员，受日军上尉中泽及其助手李殿臣的派遣而来，开枪刺杀赵天麟的是李殿臣的外甥何绍洲。

虽然整个审讯过程极为秘密，审讯结果也只有英工部局的极少数人知晓，但最终还是被天津特别市公署警察局特高股的人探得了情报。后经警察局通知了赵天麟的家属，并将此案真相公之于新闻报纸。

赵天麟校长被日寇暗杀的消息传出后，立即轰动了全市，震惊了全国。耀华学校全体师生及社会各界爱国人士同声哀悼，自发地组织起来到日伪政府请愿，抗议日军暴行。武汉国民党中央政府特别给学校发来了对赵校长的褒奖令。电文称："天津私立耀华学校校长赵天麟，办学津市最负职责，艰苦奋斗，不辞劳瘁。嗣因敌方嫉恨，百般为难，终不为屈，竟遭狙击以毙。热诚党节，殊堪嘉尚。应以特例褒奖，交行政院转教育部，以优抚恤，用昭忠魂，而励来兹。"收到电文后，耀华学校董事长徐世章立即召集教师、学生代表、学校董事和家属，宣读了褒奖令。

8月28日，在共产党领导下，由柳无忌主持的学联会印制多种宣传品，由宣传组长刘宝璋率领，在英租界游行并散发，揭露日寇一年来在津的暴行，号召人民起来杀尽日寇汉奸，光复国土，完成国民抗战伟大的天职。

罪犯伏法　告慰英灵

审讯后，英方深知如将二犯移送到伪法院，日方定会设法释放，所以，他们决定将刺客暂时羁押于英工部局警务处。但几天后，何绍洲却因伤势恶化导致肺感染而丧生。在津的国民党人员马上找到英方，要求英工部局立即将刺客交给国民党政府审理。英方答应，择日将刺客魏文汉先用英轮解送香港，再转道移交给武汉国民党政府处治。

但翌年4月18日，伪联合准备银行天津分行经理程锡庚，在英租界大光明影院被抗日锄奸团刺杀而亡，狙击手也被英工部局捕获。日驻津总领事要求英方立即引渡"凶犯"，并于6月14日封锁了英法租界。在日方的压力下，英工部局终将魏文汉引渡给了日伪河北天津地方法院。1941年日军强占英租界后，同年12月15日，魏文汉即被日军茂川机关的特务毛利释放了。出来后，他马上来到日租界海光寺后福厚西里找到了李殿臣，李奖励了他1000元联币。

抗战胜利后，天津警方密令缉捕魏文汉。1946年8月，曾在英工部局任职的警士牛桂泉报称，他曾亲眼看见魏文汉在唐山火车站附近摆摊做小生意。警方遂派牛桂泉、于绍周等前往唐山缉捕罪犯，但魏却已闻风而逃。转年4月，一直苦苦寻找魏文汉的牛桂泉在秦皇岛终于发现了他的踪迹，并侦知魏已化名孙继成，在临渝县朝阳镇公所户籍股任职。17日，牛桂泉遂协同临榆县警察局共同在秦皇岛将其捕获。20日押解回津。

魏文汉供称，他是天津静海县人，曾就读于天津河东师范中学，三年级时，因家境贫穷而中途辍学。1929年，在烟台国民党陆军第二十一师军官教导队受训10个月后，任该师第一旅第二团第二营第七连少尉排长，翌年升任中尉排长。1932年春，因伤退职回家。1933年5月，在塘沽第五一军十三师六三七团任上尉团副。1934年退职进津后，在保安队第一大队第二中队任中尉分队长。天津沦陷后，他即投靠日本，与李殿臣、何绍洲、王金舫共同加入日军上尉中泽领导的日本暗杀团。

1938年初，李殿臣开始策划暗杀赵天麟的特务活动，具体由何绍洲、魏文汉和王金舫三人执行刺杀。魏文汉袭击汽车司机，王金舫对付警卫，何绍洲枪杀赵天麟。事先探得赵天麟每天赴校上班的时间和路线后，26日，他三人又从特务班出来，经过大连码头、美国营盘，来到伦敦道查看地形。27日早晨6时50分，他们骑车来到伦敦道埋伏在赵家周围。见到赵天麟并没有坐汽车也没带警卫，何绍洲遂让王金舫躲在后面接应，令魏文汉与其共同实施刺杀。何绍洲连发四枪将赵天麟打倒后，一名巡警向他们开枪，何绍洲一边还击一边撤退。这时，赵天麟的警卫也冲出来，开枪击中了何绍洲并将他抱住。魏文汉骑车正欲逃跑时也被其击中，连人带车摔倒在地，见自己已经跑不掉了，他就将手中的一支十三连响的勃朗宁手枪扔到了便道上的一辆菜车上，随后即被巡警抓住。何绍洲在工部局没几天就死了，他则于1941年被日本特务毛利释放。出来后不久，魏就离开天津去了唐山，住在车站旁的于家小店，以卖烧饼馃子为生。1946年7月在车站碰见警察牛桂泉后，他连夜仓皇逃到了秦皇岛，住在西后街长发客栈内，后经客栈内的一个姓宋的旅客介绍，到临渝县朝阳镇公所户籍股当了一名干事。1947年4月17日晚10时许，被警方抓获。

依据魏文汉提供的线索，天津警方派人分赴北平、北仓等地缉捕李殿臣和王金舫，但没有发现他二人的踪迹。

证人于绍周称："我只看见何绍洲开枪打赵校长，魏文汉当时在场并且手中有枪，我没看见他向赵校长开枪，是我开枪将他二人打伤，并将何绍洲抱住。"

1947年11月3日，河北高等法院第一分院（天津分院）刑事庭依据《惩治汉奸条例》，以"通谋敌国，充任有关军事之职役"罪，判处魏文汉有期徒刑7年6个月。魏文汉不服判决，上诉至南京的最高法院。1948年2月2日，最高法院特种刑事庭做出"原判决核准"的终审判决。

政府嘉奖　人民敬仰

1946年1月9日，天津市市长张廷谔、副市长杜建时向国民党行政院转呈了耀华学校董事长徐世章、吴鼎昌的呈文，请求国民政府对赵天麟及其家属给予褒恤。呈文称：

已故校长赵天麟办事认真，不避艰险，虽屡受诱迫威胁，毅然不为动摇其忠贞爱国之忱，不屈不挠之概尤为敌忌。当南开民德及省立男女师范各校被毁，多数教职员失业，千百学生濒于失学，该校长激于义愤，顾全教育，商得校董会方决议。就本校设立特班，尽量收容失业教职员数十人，失学学生1000余人，本校之措施与该校长之热诚，颇受社会舆论之称许。而敌伪积恨益深，祸机隐伏，竟于民国二十七年

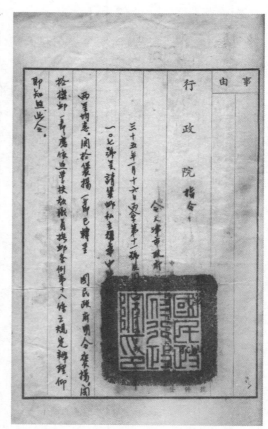

国民政府明令褒扬赵天麟

六月二十七日凌晨，该校长于离家赴校途中，在伦敦道昭明里路口，遽被敌遣匪徒二人所狙击，立即殒命。其时现任本市警察局局长李汉元适任英租界工部局警务处处长，亲率官警当场缉获凶犯二名归

案。该校长因公遇祸，其老母寡妻均以悲愤忧郁相继殁世，所遗子女众多，生活维艰，情极可悯。本校痛念该校长以身殉职之惨及维护教育之功，对于其子女优给恤金，并准其在校肄业之子女免缴学费，以示优异。今值抗战胜利，国土光复，敌寇全面降服，堪慰忠魂，而志士为国捐躯，例邀恤典，用特胪陈前校长被害情形，恳请钧座准予转呈国民政府，优予褒扬，并对其遗族子女从优抚恤。

1月15日，国民政府明令褒扬赵天麟，抚恤其家属，并准赵天麟入祀天津忠烈祠。

1992年2月24日，经国务院民政部批准，追认赵天麟校长为革命烈士。1995年，在耀华中学图书馆前，铸造了赵天麟烈士铜像，以供全校师生及一切爱好和平的人士瞻仰。

坠子皇后乔清秀

在征集名人档案的过程中，骆玉笙、花五宝等一批德高望重的老艺术家不断地提议，要我们一定要把坠子皇后乔清秀的档案征集进档案馆。他们说："由她和她丈夫乔利元用毕生精力和心血创立的乔派坠子，不仅是河南坠子一个划时代的艺术流派，也是我国曲艺艺术的一份宝贵的遗产。尽管她已去世多年，但她的精湛技艺和高尚人格至今仍为曲艺界的一面旗帜。"于是，我们怀着崇敬的心情叩开了乔清秀养女乔月楼的家门。

乔清秀

师从乔利元

乔清秀本姓袁，名金秀，清宣统二年（1910）7月4日出生于河南内黄县的店集村。父亲袁相巽、母亲袁张氏和妹妹双玉，一家四口靠种田为生。父亲染上大烟瘾后，原本就不富裕的家庭更加贫苦。1915年秋，为了弄到买鸦片的钱，父亲竟狠心将已有身孕的妻子和

1935年乔清秀一家在北海楼的合影（右起：乔清秀、乔利元、乔凤楼、乔月楼）

两个女儿一起卖给了人贩子。得着信儿后，金秀娘连夜带着两个女儿逃到了河北大名县南关的娘家。第二天，当袁相巽来要人时，金秀的姥姥说："你也甭把她们卖给人贩子了，我给你三串钱，权当卖给我了！以后，她们娘仨是死是活，跟你没关系了！"袁相巽接了钱就换成了鸦片，没过多久，人们发现他已死在了村头的破庙里。这年，金秀娘又生了三女儿秀娇。为了活命，把双玉托付给金秀的二姨后，金秀娘怀抱秀娇改嫁他人，留下金秀仍与姥姥一起生活。

姥姥是个急脾气，稍有过失，金秀就要挨打受骂。但她非常感激姥姥能送她进村里的学堂。学堂不仅教书，也教唱歌。很快，金秀那甜美的歌声就在全村唱响，大人、小孩常常围在学堂外听她唱歌。她的歌声中没有悲伤，没有痛苦，只有对未来美好的憧憬，她以美妙的歌声驱散了家庭的不幸，融化了世态的炎凉。

1923年春，村里来了个说坠子书的年轻人，像磁石般地吸引着金秀。一天，她鼓起勇气让姥姥带着她找到说书人："俺爱听你的坠子书，俺也想跟你学，你要不?"年轻人上下打量了一下金秀，只见她个儿虽不高，但模样俊俏，一双会说话的眼睛透着灵气。就说："你先唱几句我听听。"金秀刚唱了两句，年轻人就说："行了行了，你这嗓子是块唱坠子的好材料，我收了!"从此，金秀正式拜师学唱河南坠子，取艺名乔清秀。那年轻人就是后来和她共同创立乔派坠子，并成为她丈夫的乔利元。

乔利元比乔清秀年长12岁，河南南乐县乔崇町村人。自幼在同村一户姓杨的人家干"掌鞭"。东家不仅会唱梨花大鼓，还会弹弦儿。乔利元常跟他哼唱，逐渐显现出他在这方面的天赋。17岁时投师程长会，正式学唱梨花大鼓。后河南坠子传入豫北，便改习坠子。

三个小段"盖河南"

从拜师学艺那天起，乔利元就对乔清秀说："我只能给你打个底子，你不要学我，要唱好，就必须创出一条自己的路子。"凭着对河南坠子的热爱和聪颖过人的天赋，乔清秀不仅在很短的时间内学会了坠子的基本唱腔，还在传统坠子的基础上探索出适合自身特点的女腔，而成为创造河南坠子女腔的第一人。

乔清秀的起腔吸取了乔利元的基本节奏特点，并根据自己优越的声音条件，加以变化和发挥，使整个曲调节奏变得轻快、跳荡，而且她在小句腔的终止小节里巧妙地创造了过渡性的花腔，使得原本较单调的上句腔的半终止变得生动活泼，同时还自然地过渡到下句腔，使上下浑然一体，一气呵成。由高音区作斜向起伏进行的上句腔具有跳荡、轻快、流畅、华丽的特色，是乔清秀的起腔曲调的音乐主题，也是她的整个唱腔音乐最有代表性的主题。

1925年秋，在邢台，乔清秀首次用新腔唱了《韩湘子度林英》《小寡妇上坟》《蓝桥会》三个小段，连演一个月，场场博得满堂彩，一场比一场叫座，人们奔走相告争睹乔清秀的风采。还有人送来了牌匾，上书"盖河南"三个大字。于是，"盖河南乔清秀"迅速被观众叫响。一石激起千层浪，坠子前辈及同行听了都很不服气，乔清秀在石家庄演出时，就有洛阳、开封等地的许多艺人纷纷来到石家庄，在其他园子演出，名曰"打擂"。尽管他们使出浑身解数，也没能阻挡住涌向乔清秀的观众，时间不长，他们就一个个败下阵来，悄无声息地离开了石家庄。

唱响天津卫

1929年春，天津玉茗春茶楼因演出梨花大鼓上座不好，经理吴玉麟听说石家庄出了个唱坠子的女演员，就亲自赶到石家庄一探虚实。他连听三天乔清秀的坠子，亲眼看到了观众的狂热，亲耳听到乔清秀清脆甜美的演唱，当场就与乔清秀签了四年的演出合同。就这样，年仅19岁的乔清秀怀着激动、兴奋的心情闯进了曲艺的发祥地——天津卫。

在玉茗春，乔清秀头一天日场唱的是《二打天门》，夜场演的是《五虎平南传》，得到天津观众的初步认可，但她总感觉场面还不如石家庄火爆。演出间隙，到其他园子看同行演出，细心的乔清秀发现天津观众更喜爱小段儿节目。于是，当天晚场，她就在大书前加唱了小段《三堂会审》，一曲未终，掌声雷动，场子何止是"开花"，简直就是"炸场"了！自此，乔清秀遂改唱大书为演小段儿，在天津卫站稳了脚跟。在以后的4年中，天津观众只要想听坠子必到玉茗春，玉茗春成了"乔派河南坠子的摇篮"。

1934年后，乔清秀又先后到北海楼东升茶社、玉壶春、小梨园等园子演出。特别是应鼓王刘宝全之邀，在小梨园与他并挂头牌，这一绝无仅有的曲坛佳话，更使乔清秀声名大噪，蜚声京津地区。1934年、1935年和1937年，驻上海的美国亚尔西爱胜利唱片公司继昆仑唱片公司之后，特邀乔清秀、乔利元灌制了《洛阳桥》《蓝桥会》《吕蒙正赶斋》等17张双面唱片，唱片上均冠以"坠子皇后""坠子大王"的美誉。唱片很快发行全国，乔派坠子也随之传遍大江南北。

河南坠子唱腔原只有东路、西路两种基本唱腔，但由于乔派坠子以其独特鲜明的艺术风格异军突起，河南坠子遂形成三足鼎立之势。即便是东路、西路坠子的演员，也要在自己的演出中嵌以乔派坠子的唱腔招徕观众。乔派坠子不只是极大地丰富了坠子的唱腔艺术，还大大地提高和扩大了河南坠子的声誉与影响，许多人认识河南坠子便是从乔派坠子开始的。乔派坠子是河南坠子的一个艺术高峰，这不仅为大家所公认，而且至今无人逾越。

蜚声全国的乔派坠子

坠子的源头是道情书和莺歌柳，乔清秀的唱腔基本曲调是一个起腔和一个平腔。乔派坠子唱腔的调式、曲式、基本音调和传统坠子唱腔（道情曲调）一脉相承，不同的是从乔利元开始就吸收了梨花大鼓中适合男艺人唱的平句唱腔曲调，构成了乔派坠子最初的风格，即"大鼓味"的坠子。乔清秀又在乔利元的唱腔基础上，进一步吸收了梨花大鼓老北口的"花腔"和高音区的唱腔，按照传统坠子唱腔的基本程式，加以融合和发展，创出了一个以起腔曲调为特色的新腔。当他们进入城市之后，特别是进入天津之后，受到了其他艺术形式的影响，为适应城市的艺术欣赏习惯和要求，又进一步吸收、借鉴其他姊妹艺术的音调和处理手法，丰富了自己的唱腔艺术，在实践过程中逐渐形成了包括引子、起腔、平腔、垛子、落腔在内一套完整的独特的乔派坠子唱腔。她博采众长，富于创新，大胆地从梨花大鼓、京韵大鼓、天津快板以及其他戏曲、民歌等姊妹艺术的音调中吸取新的养分，在传统坠子唱腔基础上，经过提炼、融合、发展、革新，从而创造了一套清新优美、别具一格的坠子唱腔。使原来比较粗俗、原始的乡村小曲，一跃而蜚声全国曲坛。

乔派坠子以唱工著称，绝大部分唱段都是传统书目中比较精彩的小段，情节紧凑、集中，语言也较生动、洗练，既有喜怒哀乐的情绪变化，也有抒情、风趣的情景描绘。乔清秀发挥了灵活、多变的艺术才能，创造了多种多样的平腔唱法，并在使用平腔的同时，把传统唱腔中的牌子、嵌字、垛句等插曲性腔调结合起来使用，用节奏巧妙变化反复叠垒而构成了特有的垛子板，使得乔派唱腔既有独特的躯干，又有繁茂的枝叶。这是她唱腔的特色之一。她在演唱技巧的运用和唱段的处理、表现方面，也有其独特的艺术才能，这和她的唱腔艺术是相辅相成的。她的音质明亮、清脆、圆润、甜美，音域宽广，可达两个八度，高低不挡，运用自如，比同期的坠子女演员高出四五个音，而且经常使用高音区的花腔，她在《昭君出塞》中的一句14拍的长句"山右边绿竹依依是扎水边哪"，唱得清晰饱满，统一连贯。但她并不是只靠天赋，而是在艰辛的演唱实践中刻苦磨炼出来的。她的身体不好，瘦弱多病，在流动的曲艺演唱活动中，常常抓住演出前后的空隙和琴师康元林在一起调嗓练唱。如果哪一次唱得不好，观众没有叫"好"，她一下来就和琴师琢磨，反复地练唱，直到下次听众叫了"好"才算满意。

在演唱方面乔清秀还吸收了北京、天津的语音，借以丰富、提高河南坠子的演唱艺术。有人称之为"京口"坠子。这种借鉴不是生搬硬套或全部"京化"，她的唱词、道白、数板以及音乐语言仍是以本地和本曲种为基础的，仍然保持着坠子的特色。只是借鉴了"京腔"在当时具有官话的普遍意义以及它本身语调的流畅特点，弥补自身不足，使河南坠子更具有广泛性和时代性，这是一个很有意义的突破。

《韩湘子度林英》《小寡妇上坟》《蓝桥会》三个小段在邢台的轰动和后来对《凤仪亭》《独占花魁》《昭君出塞》等传统节目的改革

成功，标志着乔派坠子逐渐趋向定型与完善。

清清白白做人

"认认真真卖艺，清清白白做人""卖艺不卖身"是乔清秀做人的准则。生来无媚骨的她从不屈从于权贵。她常对养女月楼、喜楼、凤楼说："我们是靠自己的本事唱出来的，绝不能走歪门邪道，在台上不能笑场，更不许向观众抛媚眼，我们只有自己尊重自己，才能让观众尊重。"

1927年，乔清秀在东昌府演出时，一个军阀团长叫堂会，要她给点烟倒茶，乔清秀不卑不亢地说："我只会说书，不会点烟也不会倒茶！"演出时，军阀嗑一个瓜子把一个瓜子皮扔向乔清秀，一个、两个、三个，到第四个时，忍无可忍的乔清秀停下演出，说了句："你不配看我的演出！"转头就走了。

玉茗春合同期满后，乔清秀转到北海楼东升茶社。有个军阀师长天天来捧场。一日，他在国民饭店叫乔清秀的堂会，演出结束该结账时，他对养女月楼、凤楼和琴师说："钱好说，你们先回去，留下清秀陪我吃饭，要是她把我侍候好了，老子的大洋有的是。"乔清秀说："您也许还不知道，我有个做人的原则，卖艺不卖身！您可以不给钱，但我必须走！"说罢就往外走，军阀的手下拦住了她的去路，军阀也变了脸，嗖地拔出手枪，枪口直抵乔清秀的脑袋。面对乌黑的枪口，乔清秀一字一顿地说："要想让我留下，只有开枪打死我！"军阀被乔清秀的一身正气震慑住了，只好放她回去。但在第二天，军阀带人砸了北海楼，乔清秀包赔了所有损失。

在南京鸣凤茶园演出时，蒋介石点名要乔清秀出堂会。乔利元听后非常紧张，一大早就忙召集人，选节目，反复排练，一直忙到午后，还一再嘱咐说："一定要小心小心再小心，千万别让他挑出错来。"下午5时，乔清秀带着养女月楼、喜楼、凤楼和琴师来到蒋介石的官邸，同来的还有京韵大鼓、梅花大鼓演员，所有人都诚惶诚恐地提着心。唯有乔清秀镇定自若，她落落大方地把曲目单递给了蒋介石，蒋介石看罢在征求了身边夫人的意见后，点了一段她的《韩湘子拜寿》。一曲终了，赢得满堂掌声，宋美龄把她招呼到跟前夸道："你唱得好，人也好，你身上没有艺人的轻佻，有的是一身正气！我很喜欢。"

1935年，刘宝全在上海大中华饭店演出时，园子里只坐了半堂座儿，鼓王一时无法收场。正在为难之际，听说乔清秀在南京夫子庙鸣凤茶社演出，于是他就连夜乘火车来到南京，亲自将乔清秀接到上海。乔清秀三天打炮节目演出后，园子上了满堂座儿！黑帮老大黄金荣也闻讯赶来并送来帐子，上书："坠子皇后名不虚传。"两天后，乔清秀与刘宝全应邀到黄金荣家唱堂会，黄金荣观后连声叫好，给了赏钱后，还要留下乔清秀一个人陪他吃饭，被她一口回绝。从来没见过戏子敢对他这样的黄金荣气得脸如猪肝，但并未发作，扬扬手让她走了。后来有人问起，黄金荣说："她的坠子我太爱听，对她下手我真是舍不得！"

震惊曲坛的惨案

1938年后，原本就有肝病的乔清秀，身体状况越来越糟，腹部鼓胀异常，只能靠白水泡馒头度日。虽延医调治，但收效甚微。听人说奉天有名医善治此病，乔清秀遂有意赴奉天治病。1939年初，乔利元托人到奉天联系时，正赶上当地公余茶社邀角。一为乔清秀治病，二为挣钱养家，于是，乔清秀、乔利元及琴师康元林等一行8人乘火车北上奉天。

到了奉天，乔清秀的身体状况不能演出，乔利元一边为她请医调治，一边带着三个养女月楼、喜楼和凤楼到南市场四海升平茶社演出。喜楼生得俊俏，被汉奸看中，演出后刚回后台，汉奸就硬要拉她下馆子。见此情景，乔利元忙上前拦阻说："长官，我们是正经的艺人，卖艺不卖身。"喜楼也坚决不从，并趁机溜走躲了起来。恼羞成怒的汉奸遂带人在茶社里"巡视"，等乔家人打钱时，谁敢给钱，他们就打谁。不得已，乔家只得躲到一些小园子演出。1940年初，乔利元的儿子乔文波带着乔清秀的母亲来到奉天，多年未见，母女悲喜交集，相拥而泣。过了年，老母要回老家，病情稍好的乔清秀要为她筹集一笔养老金，以报答母亲的养育之恩。遂与公余茶社联系，乔清秀决意从大年初五开始登台演出。海报一经贴出，乔派坠子的热心观众奔走相告，三天就卖了一星期的票，演出场面更为火爆。演出第二天的一大早，突然接到宪兵队请柬，要乔清秀携女前往陪酒，乔家并未理睬。二场时又请，乔家仍不理。第三场演罢，乔利元与乔清秀刚回旅馆，宪兵队就将旅馆团团围住，声称要搜查"八路的探子"，在未发现任何可疑分子后，竟将乔氏夫妇强行带走。

在宪兵队，乔清秀和乔利元分别被关在楼上、楼下。乔清秀被押三天，在挨了几个嘴巴后被放了出来，行前没见丈夫出来，就问宪兵："我丈夫呢？我们一起来的，为什么不让一起走？"宪兵凶恶地说："有人报告他私通共匪，还得继续审问。你回去听信儿吧！"几天后，仍不见乔利元回来，乔家正在急急等待之时，宪兵队突然再次来到旅馆，声称乔利元跑了，反向乔清秀要人。宪兵队走后，乔家四处打探乔利元的消息，均无音讯。一天，宪兵队做饭的大师傅慌里慌张地跑来旅馆说："你们快跑吧！乔利元让他们打死了，早就拖到乱死岗子埋了。他们还商量着要对他的儿子下毒手呢！"乔家人听后只有暗自垂泪而不敢告诉乔清秀实情，只说还没有消息。第二天，抓兵的就来了，点名要抓乔文波，幸亏头天晚上他躲出去了，才幸免于难。自此，他改名换姓到力生汽车行当小工，经理贾文富收留了他。

活不见人，死不见尸，乔清秀精神几近崩溃，终日在大街上寻访路人，逢人便问："您知道乔先生在哪儿吗？"乔家人想，这样下去，乔清秀非得命丧奉天不可。在家人的一再劝说下，她才答应暂回天津。谁料，宪兵队又四处堵截，不准乔家离开奉天。后费尽周折，在同行的掩护下，1941年冬，他们才化装逃回天津。

这一惨案震惊了全国的杂耍艺人，此后较长一段时间，艺人们一直视东北为畏途而不敢擅入。全国解放后，当年参与杀害乔利元的汉奸金四、李广陵等均被人民政府镇压。

香销玉殒

回津后，乔清秀暂住天晴茶楼后台，先后出演于小梨园、大观园、庆云戏院等戏园。还曾应邀到北京三庆戏院、西单吉祥剧院及茗园演出。从京返津不久，她便旧病复发，卧床不起。这时，胜利唱片公司要为她灌制红楼十三段。乔清秀听后非常兴奋，她挣扎着要人送她去上海，但她连站都站不住了，又怎么去遥远的上海呢？唱片公司知道乔清秀的身体状况后，决定将录音机器运到北京灌制。正在协商之时，乔清秀的病情突然恶化，不久即撒手人寰。这成了乔清秀一生中最大的遗憾。

为使乔家后继有人，在病榻上，她做主为儿子乔文波、养女乔月楼办了婚事。完成心愿后，她茶饭不思，终日躺在床上听乔利元的唱片，低唤着亲人的名字。家人见她不行了，就把乔利元在奉天被害的实情告诉了她。她听后说："我早就料到了这个结果，一直不敢问你们，怕从你们嘴里得到证实，现在好了，我也要随他去了，快要跟他见面了。只是，你们要记住这血海深仇，一定要为乔家报仇！"她又把乔月楼叫到床边，握着她的手说："往后乔家这一大家子人可就全靠你了，文波不是我亲生的（乔利元与前妻所生），身子弱，能力差，今后不论发生什么事儿，你千万不要离开他，一定要

喬清秀死矣

河南墜子少了一顆明星

·劉庵·

喬清秀是死了！她死的真相無從證明，但是據天津友人函告：說她在東省因某種關係墜樓而死，如果所傳不虛，這位喬姑娘未免死的太慘怛了！

喬清秀是一個唱河南墜子的女藝人，河南墜子雖不是她的發明，但是由她一唱而紅，是鐵一般的事實，更由她的幾張唱片一傳播，才引起了平津滬寗各大埠的注意，這和李金順將「蹦蹦戲」的身份提高，姚水娟，李姚二人，低普及到上海來，是同樣的情形，當然囉！喬清秀亦不能例外。所以有人說：喬清秀之死，是藝術界的一種損失！

天津詩人太凝君，於喬清秀之墜樓而死，深表惋惜，下面兩首詩，就是太凝爲悼喬清秀而作的。

「曼紗歌喉擅鄭聲，巧笑姿態滿座傾。（河南滑稽辭令女方朔，喬娘音韻最超絕，常推獨步，喬娘每登場，道白諧謔，引人入勝，誠今之女東方朔也。）

忽傳噩訊隔山河！顧曲周郎慨嘆多，我亦憐卿奇藝絕，絕音何處吊韓娥？（列子娥娥粥歌於市，餘音繞梁，三日不絕，今喬娘玉隕，其音乃絕，良可慨也。）

□蕭長華險遭綁劫 ·鳴和·

名丑蕭長華，善事撝節，精賚頤豐。某日，爲送其岳母之殯，幾遭歹人之綁劫，幸得訊較早，未出城卽悄然遁去，說者謂蕭老板待人甚忠厚，故能逢凶化吉也。

□李世芳嗓音已復 ·鳴和·

小梅蘭芳李世芳自嗓音失潤後，忽忽已兩年餘矣，一般期望世芳出山之觀衆，無不爲之垂頭喪氣，現據平友函告，謂世芳自入秋以來，嗓音已逐漸恢復，最近在家調嗓，已足夠六字調，且唱時運轉自如，毫不吃力，出演之期，常不遠矣。

預告

下期有心詞主人所撰「薛家將第四」一文，考證詳盡，言人所未言，爲戲劇刊物中最有

1940年第3卷第1期《半月戲劇》報道喬清秀死訊

照顾好他！我把我的本事全都传给了你，你一定要把乔派坠子一代一代传下去。"乔月楼使劲地点着头，眼泪无声地流着。

1943年正月十三这一天，阴云密布，冷风阵阵，乔派坠子创始人，河南坠子的杰出艺术家，在天津四合轩胡同六号院，在播放着乔利元和她合唱的欢快、活泼的乔派坠子声中，含恨悲愤而死，年仅33岁的一代坠子皇后，就这样悄然离开人世。

后继有人

艺术上的共同追求与生活上的相互照顾，让乔清秀与乔利元走到了一起，1926年秋，他们结婚了。正当他们生活、事业如日中天之时，乔清秀唯一的女儿小巧却不幸夭折，这突如其来的打击，让乔清秀终日沉浸在悲哀之中而不能自拔。为了让她尽早从痛苦的阴影中走出来，乔利元特意回到老家安乐县，找到南乐县富人村的付德胜，提出领养其7岁的女儿付艾子。艾子自幼丧母，由父亲一手拉扯，与女儿已有深厚感情的付德胜哪里舍得，就与乔利元商定，与乔利元的大儿子乔文波订为娃娃亲，名义上仍为乔清秀的养女，更名为乔月楼。后来乔清秀又领养了凤楼、喜楼。

除凤楼宗刘派京韵大鼓外，月楼、喜楼均从乔清秀学习乔派坠子。但后来，喜楼被一个外号叫李瞎子的商人纳为小妾，喜楼在李家身心受尽折磨，终因患产后风而悲惨地死去。

月楼从9岁起就跟着养母来往于各地演出，乔清秀不但给了她慈祥的母爱，而且还将乔派坠子毫无保留地传授给了她。从14岁起她开始登台演出，特别是乔清秀去世后，她便成了乔派坠子的继承人。

新中国成立后，乔月楼加入和平区曲艺团成为一名专业曲艺演员。1958年因琴师康元林患病，她转业到天津自行车车铃厂，经常与董湘昆等深入生产一线演出。改革开放后，乔月楼又焕发艺术青春，1982年，应中央人民广播电台、天津人民广播电台以及河南郑州、南乐县濮阳等地邀请多次讲学，传授乔派坠子。1984年，在中国曲艺协会主席陶钝的倡议下，召开了天津、河南、山东三省市河南坠子研讨会，乔月楼重又登上了阔别20余年的舞台，她的演出在全国引起强烈反响。就在这时，天津曲艺团青年演员文艾云开始向她学习乔派坠子。2002年文艾云正式拜乔月楼为师，年逾八旬的乔月楼激动地说："我可以告诉我母亲：乔派坠子后继有人了！"同年，在天津市文化民族促进会开展的音配像活动中，文艾云为乔清秀的《宝钗扑蝶》《凤仪亭》《王二姐摔镜架》等名段配了像，乔月楼则为自己的《英台抗婚》《孟姜女哭长城》等配了像。

骆玉笙接受的最后一次采访

从2001年初，天津市档案馆就开始征集骆玉笙个人档案，由于工作关系，我们与骆老有过三次接触，接触中，我们为骆老对艺术的执着追求和高尚的人格所感动，想写一写骆老的冲动油然而生。因为骆老当时正在住院，说实话骆老能否答应接受采访，我们心中真没底。怀着忐忑的心情，电话告知了骆老我们的想法，没想到老人非常痛快地答应了！为了不影响她休息，为了不占用她过多的时

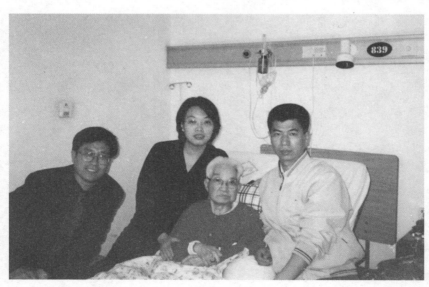

作者与骆玉笙、骆巍巍在一起

间，我们提前一周将采访提纲传真给了她。于是，在2002年的4月4日，一个春光明媚的日子里，我们走近骆玉笙，走进了一个旷世传奇的动人故事。

推开天津总医院特护病房的房门，只见骆老已从床上坐了起来，正要下来迎接，我忙上前拦住。骆老接过我手中的鲜花，连说："谢谢你们，谢谢你们来看我！"

骆老穿一件桃红的毛衣，很是鲜艳，眼镜后那双眼睛依然是那样有神，看上去，与当年舞台上叱咤风云的"铁老太太"并没有什么两样，只是脸颊略显消瘦，她手捧鲜花的姿态很像当年在台上接受观众献花的样子。我说："您现在的样子很美，我给您照张相吧！"镜头对准骆老时，我提示她说："您笑一笑会更美的。"骆老风趣地说："我要是一笑，照出来一个没牙的老太太，多对不起观众呀！"说得我们几个都笑了。于是，我们的采访就在这笑声中开始了。

三座城市

骆老说："要说让我记忆最深、最难忘的城市，那还就应该算是汉口、南京和天津了。"

在各种履历表的"籍贯"一栏中，骆老每次都郑重地填上"天津"二字。但事实上，她究竟是哪里人，生身父母是谁，他们姓甚名谁，她至今仍是一无所知。她之所以这样填写，是因为她养父是天津人，当年她走红在天津，定居在天津，她与天津城、天津人感情最深。

1914年被卖到上海"大世界"附近的骆家时，骆玉笙才刚刚6个月，尚在襁褓中的她，自然也就姓了骆。养父骆彩武，以变戏法、演双簧、说相声为生。直到十几岁时，骆玉笙才从养父口中得知，自己只是骆家的养女，而骆老自己猜测，她可能是出生在距上海不远的江南某小镇上的一个穷苦家庭。

养父待她还好，很少动手打人。养母就不行了，她想的是：我花钱买了你，日后你就要为我赚钱，我打你骂你都是应该的。这样，可就苦了骆玉笙：一天几小打，三天一大打，谩骂侮辱更是家常便饭。在她童年的坐标上，留下的唯有风化的泪水和凝固的苦难，诸如疼爱、亲情、温暖、快乐之类的名词，对她却是不可企及的神话故事。生活的逼迫、社会的造就，让她自觉不自觉地一步步走上了从艺的道路。

1919年，为了谋生，养父带着骆玉笙来到了汉口。9岁时，骆玉笙正式拜师学习京剧老生，同年，登台唱了一出京剧《宣统召亲》。

八年（1919—1926）的汉口生活，是骆玉笙学习京剧艺术阶段，是京韵大鼓的启蒙阶段，也是学习文化知识的阶段。她学京剧，上堂会，学京韵大鼓，听曲艺，她贪婪地汲取着艺术的养分，刻苦地学习着文化知识。这为她一生的从艺奠定了坚实的基础。她从心底里感谢这座城市。

新中国成立后，她曾两次随团到汉口演出，旧地重游，感慨万千。昔日的"新市场"已被今天的民众乐园所取代，这里更加绚丽多姿、丰富多彩。骆老说："我很想在有生之年再重返旧地，为曾经哺育我的父老姐妹唱上一曲，以谢

年轻时的骆玉笙

楮墨留芳
——天津近代名人档案

他们的养育之恩。"

南京是曾改变过骆玉笙命运的一座城市。1931年，在那里，骆玉笙做出了人生最重要的一次抉择：放弃京剧，改学京韵大鼓！人说，"人生的旅途有千万步，但关键的只有几步！"谁知这关键的一步，竟使她与京韵大鼓结下了终生不解之缘，一唱就是70多年！

1934年，在南京夫子庙的六朝居茶社，骆玉笙拜曾为"鼓王"刘宝全操琴的"三弦圣手"韩永禄为师，正式归入了京韵大鼓这一行，取艺名"小彩舞"。

韩永禄是一位技巧全面的老弦师，他精通刘（宝全）派、白（云鹏）派、少白（凤鸣）派的各种唱腔，而又不拘泥于传统，在当时是一位艺术上的革新派。更可贵的是，从他身上，骆玉笙不但学到了京韵大鼓的演唱艺术，也学到了怎样为人处世。1936年，又是在师傅的鼓励和帮助下，骆玉笙来到了北方曲艺的发祥地——天津。

天津，对骆玉笙来说是块福地，是块宝地，也是她的根基所在，她与天津人民有着极其深厚的感情。1936年夏，骆玉笙怀着既兴奋又不安的心情，走进了这座向往已久的城市。在中原游艺场（今百货大楼三楼）的一曲《击鼓骂曹》得到了天津观众的认可，后来，在小梨园演出，一跃上了头牌，并得了个"金嗓歌王"的美称，"小彩舞"的名字迅速传遍了天津卫，骆玉笙红了！小梨园也火了，场场爆满，人们竞相争睹"金嗓歌王"的风采。她还在国乐公司灌制了《博望坡》《红梅阁》《丑末寅初》等唱片，在市面上公开发行。

同年，骆玉笙在法租界教堂后的明德堡2号定居，从此，她就成了天津人。在这里，虽曾历经坎坷、饱尝辛酸，但她却不断探索追求，百折不挠，在继承前人经验的基础上，大胆突破，不断超越自我，逐渐形成了京韵大鼓的"骆派"艺术。

三次转折

骆老说，在70多年的京韵大鼓的艺术生涯中，她有三个重要转折：一是在天津走红；二是新中国成立后，从旧时的艺人成为人民的艺术家；三是一曲《重整河山待后生》红遍全国后，让她坚定了改革京韵大鼓的决心。

1936年农历六月三十，对于骆玉笙来说是个值得纪念的日子。这一天，她走进了天津城，迈出她成功之路的第一步。

素有"龙门"之称的天津卫，是杂耍名家荟萃之地，艺人只有得到天津观众的承认，才能在杂耍界站稳脚跟。在小梨园一炮打响后，骆玉笙算是跃过了"龙门"。骆玉笙出名后，各个杂耍园子都争着约她，最多一天，她竟赶了三家园子，一连唱了七段，但嗓子却越唱越亮，底气也越来越足。

新中国成立前夕，骆玉笙在天津组团到上海"高士满"演出失利，不但没赚钱，还把自己多年的积蓄都赔光了。后又临时组织了一些北方曲艺，到南京的"金谷茶社"演出，因当时正是蒋家王朝摇摇欲坠之时，市面惨淡，人心惶惶，加之法币大幅贬值，这次演出又以失败告终。演员各奔东西，就连骆玉笙的乐师也回天津了。为了维持生活，骆玉笙不得不到小茶楼临时搭别人的班，临时找了一位乐师，在这里，在此时，她已不再是什么名角，每场只能得到可怜的几个"加钱"。屋漏偏逢连阴雨，因劳累过度，也因着急上火，骆玉笙的嗓音失润，越唱越闷。幸有一些天津老乡，常来捧场，并在观众中广为宣传，她才能以每日微薄的收入勉强度日。这是骆玉笙在天津走红后最落魄的时候。

天津解放后，骆玉笙被组织接回了故乡，加入了"红枫曲艺社"（天津市曲艺工作团前身），她的艺术生命从此获得了新生！1953年4月，随赴朝慰问团到了朝鲜前线，骆玉笙目睹了战争的残酷、志愿军战士的勇敢与艰苦，回国后，她以前所未有的激情和感受，演唱了《伟大战士邱少云》《英雄黄继光》《飞夺泸定桥》和《过雪山》。在演唱上，她根据故事情节的变化，自然形成了高低起伏、抑扬顿挫、雄浑豪迈、慷慨激昂的行腔，这与她以前演唱的悲曲，在风格上有了明显的变化。

"小彩舞高歌一曲动九州"，1985年，随着电视连续剧《四世同堂》在全国热

骆玉笙反串京剧《三娘教子》

播，主题曲《重整河山待后生》迅速在人群中传唱。就连她本人也没想到，一个只有二三分钟的小段，在全国、在观众中竟有这么大的影响。能够得到众多观众的爱护和支持，是一个演员最大的幸福和快乐，作为一个曲艺演员，她更是感到欣慰和自豪。可以说，从那时起，许多人才听说了"骆玉笙"这个名字，才开始知道京韵大鼓，当时竟在全国范围内掀起了一股曲艺热潮，这曲《重整河山待后生》的产生，可算是为普及曲艺立了一大功！

这一现象出现的同时，也让骆玉笙陷入了深深的思考，她在思考：在曲艺艺术逐渐走下坡路的情况下，怎样为这项事业开辟一条新路，让它得到健康向上的发展呢？她的答案是："曲艺必须改革！它要扬民族之长，抒时代之音；今天的观众已经没有时间坐在那里四平八稳、摇头晃脑地去听一段三四十分钟有头有尾的唱段了，所以我主张，多唱小段、短段，但曲调不能马虎，质量不能降低，而唱腔更要

丰富婉转，该抒情的就大抒特抒，要给观众以艺术的享受。"

《重整河山待后生》作为骆玉笙的保留曲目，是她曲艺生涯的一座里程碑。但她并不满足，她说："48个字的小段，我竟唱倒了两个字，这是不应该的。"从此，在艺术上她更加精雕细琢，并制订出每年都要创作演出一个新小段的计划。

三位亲人

随着采访的深入，我与骆老心理上的距离在不断拉近。由于采访的时间较长，中途我几次让骆老休息休息，但都被她拒绝了。她说："我今天精神很好，倒是我这样在床上接受你们采访，有点对不住你们了。"这是一位多么可亲可敬而又平易近人的老人啊！

她说："如果我在艺术上算是取得了一点成就，那么，这是与众多亲人的全力支持和悉心照料分不开的。"

从骆老对养父的叙述中，我们可以听出，她对养父所给予的生活上的抚养和艺术上的启迪充满了感激之情，她已完全将养父当成了自己的亲生父亲。新中国成立后，她一直没有下大力量寻找自己的生身父母，恐怕也是基于对养父的深情厚意吧。

1954年1月31日，骆玉笙与时任天津市曲艺工作团团长赵魁英结婚。他们完全是因为事业上的相互倾慕与思想上的相互帮助才走到一起的。赵魁英是1939年就参加革命的老干部，40年代曾在延安平剧院工作，新中国成立后任天津艺术学校校长，所以，他不但政治上有高度，而且艺术上也是骆玉笙的知音。此外，他还是一个兴趣广泛、多才多艺、平易近人的好领导。他不但在政治上、思想上让骆玉笙有了巨大进步，同年她被选为天津市人大代表，而且在生活上他们相互体贴、相互照顾、相互尊重。为了支持骆玉笙的事业，为了全力照顾好骆玉笙的儿子，他决定不再要孩子。

1980年初，赵魁英因脑溢血抢救不及时而不幸去世，患病期间，

1939年，骆玉笙在庆云戏院演出

为了不影响骆玉笙的外地巡回演出，他一直将病情瞒着骆玉笙。临终前，面对家人他提出三个要求：一、你们替我照顾好骆玉笙，这是我唯一放心不下的；二、丧事从简，不开追悼会；三、将我的身体交给医学研究部门做尸体解剖。

老伴去世后，尽管有许多人劝骆玉笙再婚，并积极为她介绍对象，但都被她一口回绝了，她说："我这一辈子有一个赵魁英就知足了！"此后，她的生活一直由儿子骆嘉平照料。

1992年，骆玉笙唯一的儿子不幸去世了，老来丧子，那种切肤之痛只有她自己知道。已近八旬的她，在感情上更加依恋她唯一的孙女骆巍巍，在生活上也更加依赖孙女。孙女成了她的影子，所有的外地演出、开会几乎都是由孙女陪伴左右。1996年，骆玉笙在津接连三次住院，7月初，又到北京协和医院做胆囊切除手术，那次，孙女因尾骨骨折留在了天津，但骆玉笙做手术时需要直系亲属签字，而她唯一的直系亲属只有孙女了，毫无疑问，孙女还是得去。

随着年岁的增大，骆玉笙的听力有所下降，有时也爱忘事。每当家里来客人时，孙女就成了她的"中文翻译"，别人说的话都要经过孙女"翻译"给她，因为孙女一说她就明白！谈话中，如果有什么事想不起来了也要问孙女。我们采访时就有好几次由孙女做的补充，其中说到一个评剧曲目，孙女一时也想不出来了，骆老着急地说："我脑子不好使，你的脑子也坏了？"孙女说："您还别说，我的脑子还真没有您的好使呢！"

三个对比

骆老虽然听力不好，但头脑很清楚，谈话极富逻辑性。谈话中她用了三个对比。

1944年第319期《立言画刊》封面小彩舞与梁小鸾的合影

"旧社会连个完整的家都没有，现在我已是四世同堂了。"

旧社会，因为有过沉痛的遭遇，所以她从来没敢再去考虑婚姻问题。当时唯一的希望就是自己的爱子，她下决心一定要将儿子抚养成人，绝不能再让他走自己的路，吃自己受过的苦。她想的是趁自己还年轻，嗓子冲，再多唱几年，一旦经济上有了积蓄，便将礼佛长斋，了此一生。

新中国成立后，在文化局领导的帮助和同行们的鼓励下，她和赵魁英走到了一起，美满的家庭生活从此开始了。后又有了孙女骆巍巍，自打1990年喜得曾孙女萱萱后，骆玉笙更是喜不自禁，她说："唱《四世同堂》时，我就非常羡慕祁老太爷，现在我也成了老太太了，而且我比他可幸福多了！"

"我5岁时得了一场大病差点丢了性命，现在党和国家给了我副市级医疗待遇。"

那是1919年冬的一天，养母让骆玉笙到锅炉房去打洗脚水。舀完热水，骆玉笙又站在凳子上舀水缸里的水，因为她个子小，一弯腰，两脚腾空一头扎进了水缸里，幸亏有人从此路过，及时把她捞了上来。回到家，养母气急败坏地扒了她的湿衣服，抢起鸡毛掸子就是一通乱抽，她是心疼那身被弄湿了的小花棉袄！骆玉笙又冷又气又疼，再加上惊吓，毒火攻心，得过一场大病，三个月爬不起炕来，吃什么药都不见效，该着她命大，一天养父领回来一个江湖郎中给了一个偏方，她竟起死回生了。

新中国成立后，她虽然也患过几次病，由于有党和国家的亲切关怀和照顾，加上及时有效的治疗，所以，她现在虽已年近九旬，但身子骨仍很硬朗，特别是去年8月，国家又让她享受了副市级的医疗待遇，有病时能到最好的医院，接受最先进的治疗。

"旧时，艺人没地位，受欺侮，现在却是深受人民爱戴和尊敬的艺术家！"

骆玉笙从4岁开始从艺，跟随养父母卖艺为生，走南闯北，却仍衣食无保。幼时深受养母虐待，不仅是家里的使唤丫头，还要学艺挣钱。走红后，在艺术上，同行之间相互封锁、相互褒贬；在生活上，深受流氓、混混儿的盘剥、敲诈，赚钱再多也得落入别人的腰包。

新中国成立后，社会变了，艺人翻了身，不再是被人歧视的"下九流"，而一跃成了国家的主人。

一曲《重整河山待后生》，让全国亿万人民认识了骆玉笙，无论她走到哪里，都有喜爱她的观众，都有迎接她的鲜花和掌声，连她自己都没想到自己一个70多岁的老太太竟也有了"粉丝"！观众的支持与爱护，让骆玉笙看到了自己的价值，她觉得自己为京韵大鼓所付出的一切都是值得的！

1978年到1997年，骆玉笙连任四届全国政协委员。1979年10月，骆玉笙光荣地加入了中国共产党，实现了她多年来的夙愿，党给予了她新的政治生命和艺术生命。

1985年4月，在中国曲艺家协会第三届理事会上，骆玉笙当选为中国曲艺家协会主席。1986年9月，在中央领导及天津党政领导的大力支持下，在骆玉笙及老一代曲艺家多年的奔走下，中国第一所曲艺学校在天津正式开学了，她被聘为该校的艺术指导。

1996年，在第七次文代会上，江泽民总书记、朱镕基总理亲切地接见了她，对她在艺术上取得的成绩给予了充分肯定，这对一个艺术工作者是一种莫大的鼓舞和鞭策。

骆老说："大家都说我是集多才、多艺、多产、多寿于一身的人民艺术家，我说，这些都是党和人民给的！我衷心地感谢党、感谢国家、感谢人民给予我的这一切！"

一个愿望

1999年底，因为听力下降，捕捉音乐略显迟钝，对艺术追求完美、对自己要求严格的骆玉笙，毅然决定告别舞台。然而，她怎舍得曾给她带来荣辱悲欢的舞台，怎舍得无数支持她、喜爱她的观众，怎舍得曾伴随她70余年的大鼓和檀板呢？在做出这样一个决定后，骆玉笙细细地擦拭那面当年"少白派"创始人白凤鸣送给她的已有100余年历史的大鼓，轻轻地抚摸着乌黑发亮的鼓面，嘴里喃喃低语，眼里噙着欲滴的泪花……

骆玉笙虽然人离开了舞台，但她的心却依然关注着京韵大鼓事业，她将自己全部的精力都投入到教学育人、培养下一代上了。多年来，骆玉笙先后培养了16名入室弟子，其中陆倚琴、刘春爱等早已为观众所熟知。

2001年初，在天津市档案馆开始征集她的个人档案时，骆老给予了极大的支持，她说："只要是有利于京韵大鼓发扬光大的事我都乐意做，只可惜有好多珍贵的资料都毁于'文化大革命'了！"当听说她的包括照片、录音、录像等个人档案资料已接收进馆并整理完毕时，骆老非常高兴地说："你们干的是既利当代又惠后人的事业啊！假如当年我出生时就有档案记录，兴许我早就找到生身父母了！"

采访即将结束时，我问骆老，您现在最大的心愿是什么？只见她沉吟片刻，忽然拿过纸和笔，略显颤抖地写了"希望后继有人"几个大字。这几个字包含着一个老艺术家对自己钟爱一生的京韵大

1938年，骆玉笙反串京剧《捉放曹》

鼓艺术的无限眷恋，包含着她对目前我国曲艺事业走下坡路的担忧，包含着对后代人的殷切期望，这也正是她老人家最大的愿望。

老人将写好的字郑重地递给我说："你们不要只写我，要多写一写京韵大鼓，让更多的人了解它，喜爱它，京韵大鼓一定要有人继承光大，绝不能让它失传啊！"

就在我们行将跨出房门时，骆老忽然挪动身体要起身相送，我急忙上前按住。这时，骆老再一次紧紧地握住我的手，用颤抖的声音说道："一定要后继有人哪，我拜托你们啦！"看着骆老企盼的目光，我真切地感到一种神圣的使命感经骆老的手传递到我的手，并迅速传遍了我的全身，我使劲地点着头。面对骆老的信任，我又深感惭愧，因为我深知以我个人的力量，我又能做些什么呢？但我有义务将骆老的希望如实地转达给广大的读者，大家群策群力，出主意、想办法，共同肩负起振兴我国传统曲艺的责任。

走出病房，骆老慈祥的面庞依旧在眼前，骆老恳切的话语依然在耳畔，衷心地祝愿骆老健康长寿，衷心地祝愿京韵大鼓这朵曲苑奇葩长盛不衰！

最后一次采访

采访后的第二天，我们想与骆巍巍核实两处材料，可怎么也联系不上她。直到7日下午，才拨通了她的手机，她告诉我们，骆老接受采访的当天晚上就开始发烧，现正在全力治疗，她自己也已是三天两夜守护在奶奶身边了。我们不安地问，是不是那天的采访把老人累着了。她说，不是，采访那天上午奶奶已有些不舒服了，这与你们采访没有关系。听了此话，我们才略显轻松，但很快又开始为老人的身体担心起来，并在心中默默地为老人祈祷，祈祷她老人家尽快康复！11日中午，再与骆巍巍联系时，她跟我们说，谢天谢地，奶奶的烧终于退了！我们悬着的一颗心也算落了地。后来，我们将初稿传真给了骆老和骆巍巍，她们对稿子提出了多处修改意见，我们均一一采纳。可谁能想到，稿子还未及公开发表，却传来了老人仙逝的噩耗。这次采访竟成了骆老生前接受的最后一次采访！骆老所写的"希望后继有人"几个字竟成了她的绝笔！"希望后继有人"的最大心愿竟成了她的最大遗愿！

就在短短的一月后，我们又一次来看骆老，我们手中的鲜花依旧是那样鲜艳；遗像中的骆老依然是那样慈祥，但我们已是人仙两界了！她老人家再也听不到我们对她的千呼万唤，我们再也听不到她老人家亲切的话语，此情此景怎不让人肝肠痛断呀！

骆老走了，永远地离开了我们，离开了她曾钟爱一生的京韵大鼓，离开了喜爱她的观众，但"骆派"艺术没有离开我们，我们相信，在政府和有关领导的关注和支持下，在曲艺界广大同人的不懈努力下，"骆派"艺术必将永远发扬光大，代代相传，骆老也会含笑九泉的！

相声泰斗马三立的从艺生涯

马三立

2001年12月，相声艺术大师、曲坛泰斗马三立从艺80周年暨告别舞台晚会在津举行之际，也正是天津市档案馆将百余卷"马三立人物全宗"档案接收、整理完毕之时。看着这些档案、资料和照片，读着一段段鲜为人知的故事，我翻阅档案的手在不停地抖动，心情由轻松变得沉重起来，眼圈也湿润了。原来，在舞台上给几代人带来无限欢乐的幽默大师，却经历了那么多的艰难与苦涩，他的从艺生涯又是那么的崎岖与坎坷……

3岁不知母　5岁方认父

马三立，1914年生于北京的一个艺人世家，祖辈世居甘肃省永昌县，祖父马诚方靠一部评书《水浒》打进了北京城，父亲马德禄没有继承父业说评书，而是拜春长隆、恩绪为师开始学相声。由于

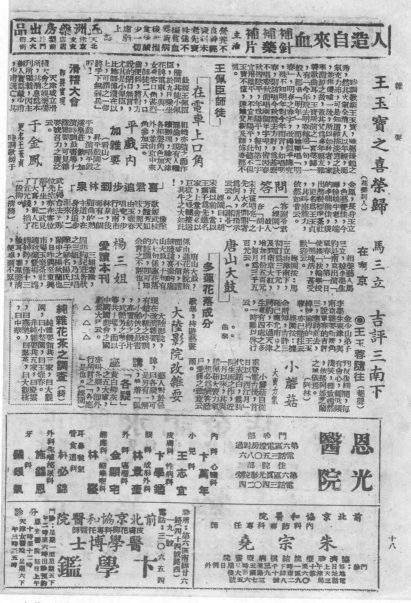

1944年第9卷第1期《游艺画刊》对马三立、王玉（毓）宝报道

他勤奋好学，为人老实厚道，深为师父喜爱，于是就成了恩绪的乘龙快婿。与此同时，他的相声艺术也日臻成熟，与李德钖（万人迷）、裕德隆、焦德海、张德全、周德山、刘德智、李德祥等并称"相声八德"而蜚声京津地区。

马三立的母亲恩萃卿，为生活所迫，随父撂地唱大鼓。据他奶奶说，母亲自打生他后身体就一直不好，苦苦挣扎了三年去世了。随着父亲卖掉家里仅有的几件家具料理完母亲的后事，家也就不存在了，他被寄养在叔父家中。到一天天长大记事后，他发现有个男人隔三岔五地来叔父家送钱，感到很纳闷。一天，他正在门口玩儿，远远看见那人的身影，就一边往家跑，一边高声喊："奶奶，那个送钱的又来啦！"奶奶把他揽在怀里，连声说："傻孩子，快别瞎喊了，那就是你爹呀！"他怯怯地回头张望，见"送钱的"正站在门口冲着他笑呢！那年他5岁。这也就是马三立自己常说的"3岁不知母，5岁方认父"。

迫于生计　辍学学艺

那年月，人们视说相声、唱大鼓的为"下九流"，马三立的祖父、外祖父虽都是身怀绝技、颇有名气的艺人，但却受尽了吃"开口饭"的屈辱。亲身经历了这一切的父亲马德禄，很想让自己的孩子们脱离这一行当，改换门庭。于是，他让两个儿子都上学读书，指望着"学而优则仕"，自己家也出个"进士""状元"什么的。马三立的哥哥马桂元是天津东马路甲种商业学校的高才生，马三立也曾在旧天津最好的中学——汇文中学就读到高小。如果说马桂元是因喜爱相声而自愿下海的，那么，马三立的辍学从艺则是生活所迫了。

1917年，父亲马德禄和师兄"万人迷"李德钖搭伴从北京来到天津，马家随后也就迁居到津门。初时，因他们的段子地道，在天津卫很走红，家中自然衣食无忧。但当父亲续弦娶了丁氏后，他家的日子则每况愈下了。丁氏好吃懒做，父亲因烦闷又添了酗酒、赌博的坏毛病。1929年春，"万人迷"不幸染上了霍乱而不治身亡，失去搭档的父亲不久也被燕乐戏园辞退了。

父亲暂时的失业让家里的日子更加艰难，"吃饭"的问题逐渐成了全家的头等大事。全家人把目光不由自主地都集中到了仍在上学的马三立身上。

当父亲将让他辍学学艺的决定告诉他时，那一刻，马三立像被雷击了一样，呆怔怔地僵住了。不错，在他的脑海中对相声曾有过朦胧的好感，也曾向父兄学过几段，并在学校里小试身手，可当意识到自己将永远地告别学校、告别老师和同学们时，他忽然又憎恨起相声来了！但他明白一切都已晚了，他已没有选择的机会，他同时也明白，这一有悖父亲初衷的决定更是他的一次痛苦抉择，这都是因为现实而又残酷的两个字：吃饭！从此，马三立开始了他坎坷而漫长的艺人生涯，他清楚地记得那是1929年秋天的一个傍晚，那年他15岁。

拜师从艺　养家糊口

旧时，卖艺的规矩很多，不论你家里人是几代从艺，也不管出了几个名家，只要子女想吃相声这碗饭，就得磕头拜师，同时必须加入班社，才算正式的相声艺人，否则就没有"家门"，得不到同行的承认。那是中秋节过后的一天上午，在南市燕尔戏园旁边的恩华云饭馆，经过了烦琐的拜师仪式后，马三立正式拜周德山（艺名周蛤蟆）为师加入山门。

周德山是"相声八德"之一，他的活儿好、路子宽，更是出了名儿的好脾气，从不出手打人，这可说是马三立的幸运。但他却没能逃脱旧时学艺挨打的"惯例"，这打不是师父给的，而是来自哥哥马桂元。马桂元艺术修养好，性情高傲，脾气暴戾，责人责己都很严，同行中不少人都惧他三分。他对弟弟更是格外"关照"，师父教过的段子，马三立回家都要再给哥哥背述一遍，他要是听着不对劲，竹板、戒尺抡起来就打，或者冷不丁地抬手就是一拳，打得他一个跟跄，还得赶紧站直了身子接茬往下背，一不许喊疼，二不许哭！那滋味可真不好受啊！

但也正是这样严格的规矩才逼出了他一身的绝活儿。为了不挨打，为了继承父业，为了相声艺术，马三立练得入了魔。学艺时专心听讲，细心揣摩，吃饭、走路想着练活，就连睡觉做梦还在说相声呢！他给自己定下了"非学不可、非会不可、非好不可、非精不可"的奋斗目标。就这样，在出师时，他已在天津卫的曲艺界"挂上号"，站住了脚。

1933年，马三立娶妻成家，马家的日子翻开了新的一页，可依旧没能走出贫困。争强好胜的哥哥马桂元因对坎坷人生的失望而消沉，染上了抽大烟的恶习，他的包银变成了缕缕青烟化为乌有，绝

马三立与儿子马志明

望的嫂子离他而去了，他自己则四处漂泊，很少回家。为还清家中的债务，父亲和马三立跑码头、赶场子，拼命地赚钱，悉数交给丁氏保管，但这来之不易的血汗钱不是被丁氏挥霍了，就是变成了她的私房钱。等在外地辛苦了一年多的父亲回来一看，家里依旧穷得叮当响，而且旧债未清又添新账，一下子急火攻心病倒了，之后再也没有起来。1935年，年仅54岁的父亲撒手离开了人世，留下了一个支离破碎的家。全家生活的重担一下子落在了马三立孱弱的肩上。没过多久，耐不住寂寞的丁氏席卷家中的财物，趁马三立不在家时连夜奔走他方。

1936年初，马三立举家迁至南市三不管，租了一间简陋的小平房住了下来。就在南市、鸟市、谦德庄、地道外等地，早、中、晚连轴转地说相声，挣钱糊口、还债。

艺海漂泊　饱尝辛酸

为了生存，为了养家，马三立跑码头、闯关东、几次进京、数度南下，走遍了大半个中国。从"划锅""撂地"到"入室升堂"，他还在最艰难的时候演过近五年的反串戏。

从1940年春，马三立误入联义社帮忙，就如同掉进了陷马坑，整整五年的时间，被天津卫的大混混袁文会牢牢地控制着，完全失去了人身自由。有一次，马三立提出要离开，袁文会的手下对他说："你不在这儿干，哪儿也干不了，出了这个门，天津卫你就甭想待了！"他曾亲眼看见自己的挚友王剑云因问了问拖欠数月的包银什么时候给，就被袁文会的爪牙毒打一顿，开除出社，出门时分文未给，并且告诉他今后永远不能在天津卫从艺！王剑云一气之下病倒了，后因无钱救治含恨而亡，年仅34岁！在黑暗的统治下，马三立只有心字头上一把刀——"忍"了。直到1945年8月，日寇宣告无条件投降，汉奸、恶霸得到惩治，马三立才彻底脱离苦海，又回到南市、鸟市一带撂地卖艺。

在"兄弟曲艺团"期间,马三立开始演反串戏。曲艺演员反串京戏就等于变相改行。但为了票房收入,班社决定搞反串戏以招徕观众。有些原京剧中没有的笑料,相声演员演来,现场抓彩,插科打诨,观众捧腹。马三立的第一出反串戏是《莲英被害记》,他在剧中扮演大烟鬼王长发,由于重新设计了故事情节,增加了一些趣味性的戏,竟连演不衰!后来他又反串了话剧《一碗饭》《前台后台》等剧,差不多是喜剧或闹剧的格调。同样很受欢迎,场场爆满。

戏打响了,钱却入了班主的腰包。面对日益飞涨的物价,马三立每当拿到那点可怜的包银后,攥着钱就往烧饼铺跑,唯恐去晚了面粉涨价。他一订就是半个月的烧饼,每天就靠烧饼就水充饥。

新中国 新生活

1949年1月31日,北平和平解放,全城顿时沸腾了!正在北平演出的马三立也情不自禁地走上街头,加入了欢庆解放的游行队伍,破天荒地扭起了秧歌。几天后,东单曲艺厅恢复营业,马三立登上了新中国的舞台。他不再是旧社会"下九流"的卖艺人,而是新中国的文艺工作者了!

1950年春,马三立回津与家人过了新中国的第一个团圆年。他买来红纸,写上"共产党万岁""毛主席万岁",贴在屋里。他对妻子说:"苦日子总算熬到头了!"

同年,马三立参加了天津新成立的"红枫曲艺社",与同行们创作并演出了《送人上火车》《所问非所答》等许多歌颂新中国、新生活的艺术作品,深受广大听众、观众的好评,收到很好的社会效果。

1952年8月,在著名相声演员常宝堃赴朝演出罹难后,马三立主动请缨,以慰问团副队长的身份带队赴朝参加慰问演出。在战火纷飞的战斗前沿,他为最可爱的人演出了150多场,圆满地完成了慰问任务。

《买猴儿》是马三立在新中国成立后说的第一段新相声，这段相声首次在天津电台播出后，就收到很好的社会效果。不久，《买猴儿》在工人剧场被正式推上舞台，受到观众和社会各界的一致好评，一时间相声的主人公"马大哈"红遍了津城，走遍了全国。1955年，在北京政协礼堂，他为周总理表演了这段相声，给总理留下了深刻印象，以至于在1964年时总理还询问为什么听不到《买猴儿》了。并说这是个好段子，马三立还应该说下去。1956年1月，毛主席来津时，看了马三立的演出后，握着他的手说，在广播里早就听过他的《买猴儿》，可是没见过面。还对他说，你太瘦了，要把身体搞好一点。

莫道桑榆晚　为霞尚满天

然而，正是这段让他家喻户晓并给他带来无限荣誉的《买猴儿》，也让他在1959年戴上了"右派分子"的帽子，被下放到天津东郊幺六桥乡的一个村子里劳动改造。

"二十年的坎坷路"，直到党的十一届三中全会才使他重新焕发了艺术青春。他"右派"的帽子摘了，《买猴儿》也正式恢复演出了。演出那天，当报幕员报出他的名字和节目时，全场爆发出长时间的掌声。年近七旬的马三立按捺住内心的激动走上舞台，用略带颤抖的声音说道："大家伙儿老没见我了吧？我——病啦！"没想到话音刚落，掌声更加热烈，马三立再也忍不住了，两行热泪夺眶而出。台上，马三立倾注所有的激情，演出了这段已有20年没说过的《买猴儿》；台下，不少老观众一边笑着一边抹着眼泪，掌声与笑声交融，笑容与泪花相映。

多少年来，马三立把为观众演出看成是天大的事，为此他一生都将观众视为上帝。他常说，观众永远是演员的衣食父母！80年的艺术实践，造就了他高超的自我把握艺术，他以含蓄隽永、质朴自然、蕴藉深远的独特风格蜚声曲坛，自成一派，在中国曲坛久盛不衰。

马三立在坎坷的人生路途上，觉得最对不起的就是自己的老伴甄惠敏。这位勤劳、朴实的劳动妇女，默默地跟着他奔波劳碌了半个世纪，赡养老人，拉扯8个孩子，从没叫过一声苦，道过一声怨。马三立平反了，她也垮了。干家务活儿时，她几次晕倒，可她怕耽误了丈夫的演出，一声没吭。在她弥留之际，马三立仍然在台上谈笑风生。最终，严重的心脏病夺去了她的生命。马三立在老伴的墓碑旁边也立了一块"马三立之墓"的墓碑，还郑重地戴上伊斯兰圆顶黑色"拜帽"，坐在两碑之间拍了一张照片。在照片背面写道：老伴周年祭日，我在坟前怀念。

马三立从艺80周年暨告别舞台晚会，于2001年12月8日在津举行，引起全国文化界、相声界和新闻媒体的普遍关注。为了欣赏马三立，演员赶来了；为了采访马三立，记者赶来了；为了崇敬马三立，观众赶来了；为了祝福马三立，大家全赶来了。当德高望重的老艺术家马三立走上舞台时，全场爆发出雷鸣般的掌声。他以特有的幽默为大家表演了相声小段后，激动地说，虽然我告别了舞台，但不会告别相声，我还要研究相声创作。

马三立说，他有一个心愿：在有生之年，希望与同行共同切磋技艺，把相声这门艺术传给下一代，使相声艺术发扬光大，让人们在笑声中生活得更加幸福。

马三立个人档案找到归宿

天津市档案馆早在20世纪90年代初就开始了名人档案征集工作，后来又把注意力集中在征集天津的文艺界名人档案上。当我们与马老联系时，他非常高兴地说："这是件好事，我算不上什么名人，如果国家需要我的档案，我全力提供。"就这样，马三立将677件档案、资料无偿地捐献给了天津市档案馆。这些档案较为翔实地记录了从1940年到2000年大半个世纪马三立的从艺生涯、家庭生活和社会交往等诸多方面的内容：有马三立亲笔撰写的《个人回忆录》和《相声世系谱》；有百余张黑白、彩色的舞台、生活照；有电视台、音像公司录制的专题片和他个人的相声全集；还有各种具有纪念意义的证书和证章以及社会各界赠送他的字画；等等。该全宗的建立，为一代相声泰斗马三立的个人档案找到了一个最好的归宿，为研究天津乃至全国曲艺文化发展史积累了第一手原始档案。

最后的探望

2002年4月27日，马老刚刚出院一周，我们再一次探望了马老。下午3时整，我们如约来到"马三立老年公寓"六楼。马老刚睡过午觉，正坐在窗前晒太阳呢！见我们来了，马老缓缓地站起身，双手抱拳，面带微笑，说："谢谢你们老二位，大老远地来看我！"马老的这一动作在舞台上、银屏上已见过无数了，如此近距离地跟马老打招呼这还是第一次，不禁倍感亲切。

我们首先将捐赠证书和已经整理好的《马三立个人档案全宗》的目录交给了马老，马老说："我的档案能交给档案馆，我感到荣幸，心里也踏实了。"

落座后，我忙递上了2002年第4期的《中国档案》，为他指点着报道他的文章，看到自己与王凤山的演出照，马老笑对儿子马志良说："我又上了《中国档案》了。"马志良说："写的时候，他们想采访您，可那会儿您正住着院呢！这篇文章就是他们二位写的。"马老看着我们不住地点着头说："档案馆都是文化人，你们都是笔杆子呀！"

马老极认真地读着这篇文章，以至于中间保姆给他递上茶水，

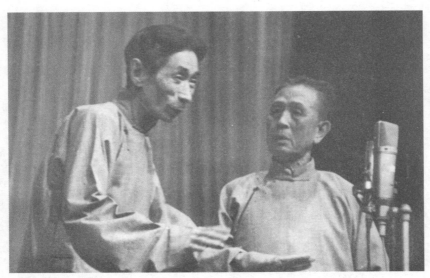

马三立与王凤山演出剧照

他都顾不上喝，只是示意她放在茶几上。一会儿，保姆又说："在阳光下看书对您的眼睛不好，您要不要挪到没阳光的地方看？"马老只是摆了摆手，仍旧全神贯注地看着。于是，没人再去打扰他了，整个房间一下子静了下来，我们大家都不由自主地屏住呼吸，静静地凝神看着马老。马老那聚精会神的样子很像是一个认真读书学习的学生，他的神情着实让我感动，温暖和煦的阳光洒落在马老的身上，洒落在他放在腿上的《中国档案》上，这是一幅多么美好的图画呀！我飞快地按动快门，用相机记录下了这一难忘的时刻。马老读完后，冲我们挑起大拇指夸奖道："好！好！杂志办得好，你们老二位写得也好。没想到，我这老了老了，倒跟档案结下缘了。"一旁的马志良说："自打老爷子出院后，亲戚朋友、新闻媒体都想来看看老爷子，都被我拦下了，可一听说是档案馆的人要来，老爷子说嘛也得见见，他说他跟你们有缘！"

我们又将一本由天津市档案馆编辑的名为《津沽旧影》的书拿给马老，马老兴奋地翻看着一张张老照片，我凑过去试图给他讲一讲，马老拦着我说："您甭给我讲，这些地儿太眼儿熟了，这是'三不管'、这是'北大关'、这是'大胡同'……"我这才想起马老从小就生活在这儿呀，我这不是班门弄斧了吗？马老问："这些照片可金贵着呢，你们是从哪淘换来的？"我忙说："大多是我们档案馆的馆藏照片。"马老说："档案馆里净是宝贝呀！"马志良说："您的档案进了档案馆不也就是宝贝了吗！"我们大家都笑了。

看着旧时的建筑、旧时的街道，显然勾起了马老许多的回忆。他说："天津卫三宗宝：鼓楼、炮台、铃铛阁，我小的时候炮台、铃铛阁都去过，就是鼓楼没去过，现在咱们又建起了新鼓楼，等我病好了一定得去看看，咱们天津卫这几年变化可大了，我得好好转转，好好看看！"

我们再一次祝愿马老健康长寿，马老说："你们二位转告大家伙别老惦记着我，我这身子骨儿硬朗着呢，还是那句话：2008年我还得到北京参加奥运会的举重比赛呢！"

2003年2月11日，89岁的相声泰斗马三立与世长辞了。他生前留下遗嘱："过世后，请将我丧事从简办理，我不愿让各级组织再为我费心费神；同时我的朋友、学生和再传弟子也比较多，所以不搞遗体告别，不接受花篮、花圈、挽联，不接受钱物。我毕生只想把笑留给人民，而不能给大家添麻烦，给国家浪费钱财。"

相声泰斗马三立的从艺生涯

郭荣起的相声情结

郭荣起

相声名家郭荣起虽已去世多年，但他的《打牌论》《夜行记》《绕口令》等名段却是深入人心，影响了几代人。作为曾与常宝堃、侯宝林齐名的老一辈相声艺术家，他的个人档案资料自然被列入天津市档案馆名人档案的征集范围。

走进郭老家，迎接我们的是他的7个女儿，郭老的老伴常俊亭正端坐在沙发上，床头摆满了照片、证书和旧报纸。郭老的大女儿说："知道你们要来，老太太一大早就把我们叫来了，让我们打开了这个一直锁着的箱子，取出了这些老古董，不瞒您说，在这之前，我们都不知道这箱子里还装着这么多宝贝！"我们坐在床边，一边翻看着郭老生前的资料、照片，一边听老太太讲述着一段段动人故事……

"笨鸟"先飞

"打小儿人家都说他笨，拜了几个师父都没好好教，他学相声大半是靠'自学'的！他自己常说'我是笨鸟先飞'。"说起郭老的从艺生涯，老太太动情地说道。

郭荣起，1917年2月6日出生于天津，其父郭瑞林是著名的老相声艺人，早年与万人迷（李德钖）搭档，互为捧逗，常年在东北演出，无暇顾及家事。8岁时，父亲安排他跟师叔李瑞峰学艺，以传统段子《六口人》《反七口》等开蒙。李师叔是个急性子，每个段子只教三遍，不管会不会。9岁那年，郭荣起头一回在"三不管"撂地演出，上台后有些怯场，一时竟说不出话来，师叔又急又气，一把把他扯下了台，再也不教他了！父亲从东北回来后，让他说一段《家堂令》，郭荣起说得磕磕巴巴，没等他说完，父亲的藤杆已把他打得遍体鳞伤。自此，郭荣起落下个"笨"的名声。

但他并不气馁，凭着对相声艺术的热爱与执着，他不断来往于各块明地"听活儿"偷艺，暗记心中，到晚间回家后"顺活儿"，一天不行两天，两天不行三天，直到练会为止。父亲被他的韧劲儿打动了，就在郭荣起11岁时，又把他送到南市联兴茶社正式拜马德禄（马三立的父亲）为师。在联兴茶社的三年，是郭荣起相声艺术有长足进步的三年。14岁时，离开联兴茶社，开始了他漫长而又艰辛的演艺生涯。他先是在地道外、河北鸟市撂地，后又到沈阳、锦州演出。不管到哪儿，他都没忘了学习，这期间，他学会了李少清、于堃江的"倒口活"（运用方言表演），学会了高桂清、袁佩楼的"贯口活"，也学会了父亲的"柳活"。他像一个如饥似渴的小学生，拼命地汲取着众多名家的艺术所长，不断地充实、发展、壮大自己，为他今后艺术上的飞跃打下了坚实的基础。

京津走红

"四五十年代，一提说相声的，人们脑子里马上就想到常宝堃、侯宝林和郭荣起！"说起郭老当年红遍京津地区时，老太太脸上写满了幸福和自豪。

1940年，郭荣起来到北平，进了相声名家常连安开办的启明茶社，给比他小13岁的常宝霖捧哏。演出间隙到其他园子赶场时，他也经常客串逗哏，时间一长，他的逗哏才能日渐突出，《怯拉车》《闹公堂》等节目广为北平观众认可。此后，他跟常宝霖登台演出时，常宝霖一演逗哏，观众就在台下起哄喊："掉个儿吧！"后经常连安认可，郭荣起就由捧哏换成逗哏。1941年初，刘宝瑞也加盟到启明茶社，并与郭荣起搭档。刘宝瑞学艺早，功底深，活路宽，而且他俩从小就在一起，所以，配合非常默契，演出场面极为火爆，观众反响强烈。后又应邀到北平电台零点节目演出，连演4个月，节目不重样儿。当时电台听众多为社会上层人物，节目播出后，一些社会名流纷纷追到茶社一睹他二人的风采，启明茶社一时轰动北平城，他俩的节目也由中场升至压轴。

抗战胜利后，郭荣起应邀重返故乡天津。在群英戏院、小梨园、大观园等名园轮流演出，并开始与朱相臣搭档。经过一段时间的配合，朱相臣反应快、语言幽默、擅长翻包袱的特点逐渐显露出来，无论郭荣起使什么样的包袱，他都能接得住，而且郭荣起使"现挂"时，他还能对着使"连环挂"，他俩的《打牌论》更是风靡整个天津城。观众说："听完郭荣起的相声，出了门都乐，回到家咂摸咂摸滋味还乐！"所以，当年就有将郭荣起与常宝堃、侯宝林合称为"相声界三剑客"之说。

重获新生

"他得病时，要不是正赶上天津解放，怕是早就没命了！"说这话时，老太太的眼里闪着泪花。

进入1948年后，天津物价飞涨，民不聊生，为了养家糊口，郭荣起日夜奔波，终于积劳成疾，得了要命的肺结核，大口大口地吐血。因为这病传染性很强，大夫便把他隔离起来，并私下里对常俊亭说："你老伴八成是挺不过去了，你就赶紧给他准备后事吧！"但她不相信，更不能让他就这么走了，她冒着自己被传染的危险日夜守护在郭荣起身边，为他端汤送药。

1949年1月15日，天津解放了！有关领导得知郭荣起患病的消息后，立即把他安排进了干部疗养院。经过三个月的积极治疗，在医护人员的全力救治和老伴的悉心护理下，他竟奇迹般地战胜了病魔！痊愈后的郭荣起逢人便说："是新中国、是共产党给了我第二次生命。"

1953年，郭荣起参加了新成立的天津广播曲艺团，成为新中国受人尊敬的人民艺术家。流浪数十年的艺人，终于有了温暖的组织！郭荣起干劲倍增，把《卖布头》《绕口令》《打灯谜》《婚姻与迷信》《改行》《学评戏》等许多传统节目重新进行整理、修改。最令他感到荣耀的是，周总理每次来津观摩曲艺表演，必看骆玉笙的《剑阁闻铃》、王毓宝的《王二姐思夫》，还有就是他的《打牌论》。

1954年，郭荣起在《北京晚报》上看到郎德沣等人写的相声小段《夜行记》，眼前一亮，觉得题材不错，很有现实意义，遂产生将其搬上舞台的想法。然而，原作的四个段落，不是一条线串起来的，显得结构松散，也缺乏鲜明的艺术特色。他就用相声的语言、对话和结构，借鉴传统段子《怯拉车》的技巧，并结合自己十几年的骑车经历，对原作进行了修改。《夜行记》在天津首演后，观众反响强烈，迅速风靡全国。

执着追求

"他跟相声的感情，比跟我的感情还深！别人是爱相声，他是迷相声！"老太太的这句话，让我们感受到老一辈艺术家的执着追求。

郭荣起在艺术上博采众长，锐意创新，他虽以演出传统相声出名家，但却不拘泥于传统相声的模式，不论是演出还是教学，他都能做到去其糟粕，取其精华，赋予自己的节目鲜活的时代特色。新中国成立后，他对《打灯谜》《改行》《学评戏》等20余段相声作品做了较大的修改，将传统相声《考高眼》改编成单口相声《杠刀子》时，他把原稿中高眼的妓女身份改成酒馆老板，既剔除了一些不健

郭荣起与马志存演出

康的内容，增加了时代感，又保留了原作的特色语言技巧。

在表演《打牌论》前，为了表演准确，他多次深入赌场观察、体会，把赌徒们输钱时垂头丧气、赢钱时眉飞色舞、停牌时紧张躁动的各种神态刻画得惟妙惟肖。因而，深得观众喜爱，并由此送给他一个"郭三元"的绰号。

郭荣起的"倒口活"自然和谐，流畅自如，很好地和"包袱"结合，准确地表现人物的心理活动，在相声界堪称一绝。为了学好山东话，他经常到几家山东饭馆"打义务工"，以得到山东伙计的"真传"。1962年，郭荣起与马三立、赵佩茹在中国文联礼堂演出《扒马褂》，郭荣起逗哏，马三立腻缝，赵佩茹捧哏，三人各怀绝招，配合得珠联璧合，精彩的表演，引得礼堂内笑声不绝，掌声如涛。

在70余年的演艺生涯中，他虚心向前辈、同行请教，取人所长，补己所短，特别是他"稳中暴"的表演风格，颇受观众喜爱，更为同行所推崇。在表演中，他常是铺平垫稳后再甩"包袱"，在稳中求效果，从稳中见功夫。经过不懈的努力和奋斗，郭荣起逐渐形成了稳中暴脆、朴中见巧的独特艺术风格。而随着《打牌论》《婚姻与迷信》《绕口令》《怯讲演》《怯拉车》等代表节目逐渐趋于成熟，也标志着"郭氏相声"的发展日臻完善。

栽树育苗

"他这一辈子就干了两件事：一是说相声，二是教学生。"老太太笑着说，"这话还不是我说的，是他自个儿说的。"

1957年，广播曲艺团与天津曲艺团合并后，郭荣起开始侧重教学工作。让郭荣起自豪的是，他不仅培养了常宝霆、杜三宝、杨少华、谢天顺这4个出色的徒弟，而且在天津曲艺团少年培训班任教期间，还培育出数百名相声新苗。

1960年8月，15岁的张志宽走进了天津广播曲艺团的考场，他现场表演的一段模仿李润杰的快板书《金门宴》，赢得各位考官的频频点头，但终因年龄限制没被录取。当考官说出这一结果后，张志宽抑制不住委屈的泪水，一下子冲出考场，在雨中狂奔着。忽然，他听到身后有人叫他的名字，回头看时，只见刚才的一位主考官气喘吁吁地追了上来："孩子，我看你是块材料，别着急，会有办法的，一定会有办法的！"10月28日，张志宽被天津广播曲艺团正式录取了！后来，他才知道，那个冒雨追他的考官就是郭荣起，也正是在他的多方奔走下，张志宽才被特招进了广播曲艺团！所以，张志宽经常说："我现在的这碗饭是郭老给的！"

1963年春，尚在工厂工作的高英培迷上了相声，对郭荣起的相声更是情有独钟。通过别人介绍，他抱着试试看的心情，小心翼翼走进郭荣起的家。出乎意料的是，郭荣起非常热情地接待了他，高英培激动地说："我冒昧地来，不知道该叫您师爷，还是祖爷？"郭荣起爽快地说："我早就关门不收弟子了，凡是来学相声的，都是我的学生，你就叫我老师吧！"在以后的日子里，高英培每晚都来郭家学艺。郭荣起教他的第一段相声是《钓鱼》，日后，也就是这段《钓鱼》，成了高英培的成名作，并让他成为一名专业相声演员。

相濡以沫

"我伺候了他一辈子，除了这8个儿女，他什么也没留下，可我不后悔！"老太太用颤抖的双手抚摸着他们的结婚照。

1940年，郭荣起到北平后，白天在启明茶社演出，晚上就住在西单达志营（今民族文化宫一带）常连安的家里。不久即与常连安的妹妹常俊亭相识。23岁的郭荣起年轻英俊，且为人厚道，常帮常家干一些家务。经过一段时间接触，他二人互生好感。因为启明茶社不演"臭活"（语言下流的节目），所以设有女座。常俊亭每晚必到茶社看节目，郭荣起的相声磁石般地吸引了她。常连安见郭荣起

郭荣起正在收听演出录音

是个吃开口饭的料儿，人也靠得住，就有意要"钟馗嫁妹"。私下里征求妹妹的意见，满脸绯红的常俊亭用力地点了一下头。1941年9月，常俊亭如愿地坐上了郭荣起的花轿。

新中国成立前夕，为了养家糊口，郭荣起从上午10时出门，到次日凌晨才回家。1947年的一天，大女儿跟着他演出，郭荣起一整天在天乐、大观园、群英疲于赶场，根本没工夫吃饭，一整天女儿只吃了一个苹果。晚10时，郭荣起在群英戏院演压轴时，他和朱相臣刚上台，饿得前心贴后心的女儿实在支持不住了，就也跟了上来，扯开嗓子喊道："爸，我饿了，咱怎么还不吃饭？"见此情景，台下的观众"哄"地笑成了一片，有人喊道："让郭家爷儿俩说一段儿！"反应敏捷的朱相臣抓现挂道："是啊，郭家大千金在家没少跟她爹学段子，一直憋着劲儿上场，不过，今儿个她还没准备好，等哪天准备好了，再让她侍候老少爷们儿几段！"这时，后台上来人把她领下去。第二天，群英戏院的大海报上就登出了"郭荣起父女同台演出"

的消息。

群英演出后，他还得到电台赶午夜12时的零点节目。所以，老伴每天都听电台的直播，倒不是听不够他的段子，而是为了节目一结束就马上给他做饭。等风尘仆仆的郭荣起赶回家时，老伴的饭正好做熟。

别看郭荣起在台上是个叱咤风云的人物，可在家，他的生活起居，都是由老伴一手安排的。难怪老伴说他是"上台如猛虎，下台如绵羊"呢！特别是郭荣起得病后，老伴就再也没让他干过体力活，一家10口的家务重担都落在了她一个人的肩上。说起老太太的好，孩子们异口同声地说："如果没有我妈超出常人的照顾，恐怕早10年我爸就没了！"

相声情结

"一想起他临走时说的那几句话，我就哭！"老太太说这话时已是泣不成声，一旁的孩子们也在低声抽泣。

1966年，受"四人帮"迫害，郭荣起提前退休。但他的心却依然关注着自己钟爱一生的相声事业。尽管身体不好，但他还坚持着到各地义演，到电台、电视台录像，到文化馆给学员们授课、辅导。他常说："我的8个孩子都没能继承我这一行，实在是个遗憾。我一定要在有生之年，把我的东西毫无保留地传授给徒弟和学员，让相声艺术后继有人、发扬光大。"

从1990年开始，郭荣起时常患病，他先是染上肺气肿，后又患了哮喘，1995年末，又染上帕金森综合征。但当身体稍有好转时，他就又投入整理、修改传统相声段子的工作中了。我们接收的一摞一摞他的手稿，不正是他多年心血凝结而成的吗？

1999年春节前，郭荣起的身体每况愈下，靠连续输液勉强维持。但当李伯祥、张志宽、谢天顺等人来看望他时，他竟以惊人的毅力坐了起来，高兴地聊起了他们最近创作、演出的新相声段子。从他那期待的眼神中，可以看出他对相声的未来充满希望。

知道自己快要不行了，他把老伴叫到身边说："跟着我，这一辈子叫你吃苦了！除了咱这 8 个孩子，我什么也没给你留下……我走时什么也不要，把那身演出服给我穿上就行了，我说了一辈子相声，没说够啊！" 2 月 18 日，郭荣起从容地走了，他身穿那身灰色法兰绒中山装，似乎是再一次出远门演出了。

常俊亭老人郑重地将郭老的 394 件档案资料交给了我们，转身对着郭老的遗像说道："老头子，你的这些东西，国家说有用，我和孩子们商量好了，全都捐给档案馆啦！也算是了了我的一桩心事。我知道，你要是在，也一定会这么做的！"

王玉磬的戏曲人生

王玉磬是河北梆子王派艺术的创始人，曾对河北梆子艺术的改革发展做出过突出贡献。作为一个地方剧种的杰出代表，她自然也就成了市档案馆征集名人档案的最佳人选。在2003年新年伊始，我们敲开了她的家门，听她讲述自己那既坎坷又辉煌的戏曲人生。

违背父训　6岁从艺

王玉磬，原名陈国贤，1923年出生于河北省安新县同口镇。其父陈栋才，艺名"七阵风"，是清末民初的著名河北梆子艺人。国贤5岁时，父亲就因病不治而亡，终前曾一字一泪地告诫6个女儿："你们就是穷死、饿死，也不准去学戏！"但由于生活所迫，国贤姊妹6人，先后有5人走上从艺之路。

6岁时，排行老四的小国贤与其孪生姐姐玉贤同拜父亲生前科班的同学王文炳为师。王文炳艺名"小白牡丹花"，既唱青衣又演老生。就这样，这对姊妹开始了她们漫长而又坎坷的舞台生涯，国贤学老生，玉贤学青衣。王文炳不但义务教戏，学习上严格要求，而且在生活上也是尽全力照顾。

7岁时，国贤姊妹就开始登台了，她们专演"对儿戏"，即青衣老生戏，如《张宝揣子》《五家坡》等。她俩的戏大多被安排在吃晚饭的时间，下午看戏的人要回家吃饭，晚上看戏的人还没来，这段时间戏园里的观众最少，行内人称之为"送太阳"。但因她二人都有一副天生的好嗓子，唱腔优美甜润，再加上相貌一样，个头一般高，台上的一招一式甚是招人喜爱，这段时间看戏的人竟越来越多。

有一次演出《下江南》，台上的锣鼓响了，可演刘荣的演员却找不找了，人们正在着急，小国贤自告奋勇要上场，救场如救火，管事的也顾不了她行不行了，只好让她"钻锅"。可没想到，一场戏下来，观众不但没怪罪，而且还直喊好！因她演的是老生，所以，人们就给了她个"小胡子"的绰号。

进津搭班　得名"玉罄"

1937年秋，陈国贤来到天津，在鸟市、西广开一带搭班唱戏。当听说小香水、小瑞芳、金钢钻等一代名伶也在津演出时，她就利用演出的间隙，悄悄溜进戏园子蹭戏，向前辈偷艺。

王玉罄演出剧照

一次，她在聚华戏院看小香水演出的《南北合》，看完后回家反复揣摩，就是不得要领，于是她下决心要登门求教。为了能送上一份见面礼，国贤半年没坐电车，没正式吃过早饭，用省下来的钱买了点心和纸烟。门一开，小国贤恭恭敬敬地叫了一声"师父"，没想到却把小香水喊急了，她阴沉着脸说："谁给你介绍的拜我为师呀？"机灵的国贤忙改口叫了声"姨"，小香水说："这还差不多。"进门后，小香水问："你到我这儿来有事吗？"国贤说："我不敢给您老人家添麻烦，我就是特别笨，几次看您唱《南北合》哭城那一段儿就是学不会，想让您给我指点指点。"小香水说："你走一遍我看看。"国贤走完了，小香水说："我走一遍你看着，用心记住了，我可不走第二遍。"国贤随后又走了一遍，小香水看罢脸上有了笑容："你这孩子是个学戏的材料！"国贤见她高兴就又说："姨，您让我在您的戏里演个小孩儿吧？"小香水答应了。在《南北合》中，她饰演的小孩儿（剧中一个没有名的角色）站在高高的城楼上，下面小香水表演的一招一式尽收眼底。几场戏下来，小国贤很快就学会了河北梆子的这出代表剧。

　　此后，她又与银达子、韩俊卿、金宝环等梆子界名艺人同台演出，虚心求教，如饥似渴地汲取营养充实着自己。由于她的演唱优美动听像磁石般吸引人，声音如同金钟玉磬，所以，《中南报》的一个编辑为她取名"玉磬"，从师王姓，从此得艺名"王玉磬"。

　　20世纪40年代，由于小香水、金钢钻等老艺人相继辞世，一大批艺人逃亡他乡或弃艺改行，河北梆子在天津已走到濒临灭绝的边缘。在逆境中，银达子、王玉磬等虽经千辛万苦，但仍痴心不改，誓不改行，坚守住了河北梆子在天津的最后一块阵地，直到1949年1月天津解放。

新时代　新追求

新中国成立后，王玉磬参加了国营剧团，与银达子、韩俊卿、金宝环、宝珠钻共称为天津河北梆子剧团的五杆大旗，成为重获新生的天津河北梆子的中流砥柱。1953年冬，她积极报名参加了赴朝鲜慰问中国人民志愿军的慰问团。为了适应新中国的新形势和人民群众的新需求，勇于创新的王玉磬对过去的传统剧目做了较大幅度的改编，创作移植了《斩子》《苏武》《赵氏孤儿》《白帝城》等新编历史剧，丰富了河北梆子的艺术宝库。

就在她的艺术渐入佳境的时候，一片漫天的政治乌云笼罩在她的天空上。"文化大革命"中，一顶顶大帽子扣在了她的头上。她不得不告别为之奋斗了大半生的河北梆子艺术，她的心在流血。

1976年春，有关领导突然通知她马上到长春去拍电影《斩子》。她正在纳闷之时，有人偷偷告诉她说，这是毛主席亲自决定的！毛主席看了7个剧种的《斩子》，最终挑中了河北梆子的《斩子》，而这个《斩子》就是你演的！主席一连看了两遍，不住地夸戏好，王玉磬演得更好！听到这一消息，王玉磬激动得一夜没睡，她兴奋了一夜，也哭了一夜！之后，她就奔赴长春，连续奋战7天，把一出精彩的《斩子》奉献给了广大观众。

"文革"后，她的艺术生命又焕发了青春。1984年新中国成立35周年之际，在北京，中国人民广播电台和中国唱片总公司举办了国庆戏曲演唱会。演唱会聚集了全国各大剧种最优秀的演员100多人。作为河北梆子唯一代表的王玉磬，演唱了最新创作的《太白醉写》上殿一段。她的高超演技和优美唱腔，立刻给听惯了老河北梆子的观众和专家以耳目一新的感觉，曲罢，台下爆发出雷鸣般的掌声，这掌声是同行们对王派艺术的认可，是专家学者对她多年不断追求、不断创新的肯定，更是观众给她的最大褒奖。当场，广电部

马三立、王玉磬、王毓宝合影

领导就拍板让中国唱片总公司把王玉磬的所有代表剧目都录制下来，作为我国的艺术瑰宝永久珍存。不久，包括王玉磬13个代表剧目名为《王玉磬名剧唱腔集》的10盘录音带正式出版发行了。

王派艺术的确立

在王玉磬的艺术旅程中，虽然时有惊涛骇浪，时有坎坷曲折，但改革创新却是始终不变的主旋律。

王玉磬在艺术上博采众长，锐意创新，在她70余年的演艺生涯中，有近50年是在不断创新唱腔、改革程式中度过的。40年代，由于京剧崛起与观众欣赏水平的普遍提高，人们对陈旧的河北梆子唱腔和念白越来越不满意，称它为"究梆子""侉梆子"。河北梆子就此走向低谷，几乎到了濒临灭绝的地步。王玉磬也就是从那时起开始了对河北梆子的改革创新。她重新设计了自己的唱腔，根据自身的嗓音条件、演唱风格和演唱技巧，大量吸收了京剧、昆曲和山陕梆子等剧种的声腔艺术，自然地融入自己的唱腔。

王玉磬在唱、念上的重大改革尤为突出。她的演唱以字带声，以声传情，声情并茂，一切从人物出发，不同的角色运用不同的唱腔，最大限度地刻画人物性格。如在《苏武牧羊》中，她与琴师郭筱亭共同创作了新唱腔"反调"和"悲调"，将苏武坚贞不屈的爱国主义精神表现得淋漓尽致；而在《五彩轿》中，她首次将打击乐和轻音乐巧妙地融合在一起，收到了意想不到的奇效，得到了观众与同行的认可。

她改变了旧唱腔中运用旦腔、哭腔和虚字过多的老程式，她设计的唱腔生旦分明，就是在极少数需要借用旦腔的地方，也要改造后再运用；她把哭腔只限定于悲剧中，如在《太白醉写》中，她就舍弃了哭腔，创造性地设计出许多优美动听的唱腔，将李白那狂放不羁、潇洒飘逸而又不失机智的性格刻画得栩栩如生。她还大胆舍弃了旧唱腔中掺杂的"哪""呀""呼""嗨"等过多的虚字，大大精练了剧情，旧《斩子》演出时间是两个多小时，王玉磬硬是把它浓缩至一个小时。

旧梆子之所以被人称为"侉梆子"，就是因为它的念白大都采用山陕语音和河北语音。王玉磬经过多年的实践与探索，创造出了以北京语音为基础，但又不同于京剧的湖广音、吐字清楚、音纯字正的新语音，这种语音抑扬顿挫，清楚别致，通俗易懂，备受观众欢迎。

王玉磬经过几十年的不懈努力和奋斗，逐渐形成了自己的演唱风格。行腔自如，尖团分明，既保留了慷慨激昂、强烈豪放的特点，又增添了优美抒情的独特风格，高亢激越时如大河奔流，一泻千里；悲凉凄婉之处又如杜鹃啼血，余音绕梁，在河北梆子艺术中独树一帜。而随着《苏武》《太白醉写》《斩子》等13个代表剧目逐渐趋于成熟，也标志着王派艺术的发展日臻完善。

一片真情　一颗真心

一副金嗓子，一身硬功夫，还有那一心为了观众的一片真情、一颗真心，为王玉磬赢得了广大观众发自内心的尊敬。

1976年10月，在黄骅县赵家堡的一间大厂房里，王玉磬开始了她"文革"后的首场下乡演出。得知消息后，各村的老百姓奔走相告，周围百余里的乡亲们凌晨4时就揣着饽饽赶着大车从家里出来了！

然而，戏还没开演惨剧却发生了。原本仅能容纳4000人的厂房一下子涌进了近6000人，由于有关方面准备不足，没有及时派人维持秩序，剧场内出现了拥挤现象，有两人当场被挤倒踩伤，一位名叫刘素芳的中年妇女因伤势严重还被送进了医院！书记当时就吓坏了，马上下令停止演出，派民兵疏导人流。事态平息后，书记对王玉磬说："我看这场演出就取消了吧，要是闹出了人命我可担待不起。"王玉磬说："乡亲们大老远赶来，我们就这么走了，太对不住他们了。我看演出还是照常进行，只是可以把夜场改为日场，再多派一些民兵维持秩序就行了。"书记采纳了她的意见。结果演出非常成功。在后台卸了妆，王玉磬不顾演出的疲劳与书记一同去医院看望受伤群众。

到了病房，王玉磬走到中年妇女的床边说："我是王玉磬，大嫂子，我来看您来了。您昨天受了伤没看着我演的戏，我今天把琴师带来了，您要是愿意听，我现在就可以给您唱。"妇女哭了，她说："我在电匣子里听过您的唱，但从没见过您，您今天真的就只唱给我一个人听？"一曲《斩子》唱罢，妇女已哭成个泪人，在场的大夫、护士也都哭了。行前，王玉磬对她说："您先在这儿治病，如果在这儿治不好，我来接您到天津去治。"听了这话，妇女的四个孩子齐刷刷地跪在了王玉磬面前。剧团离开赵家堡时，村民们自发地燃放鞭

楷墨留芳

——天津近代名人档案

炮为他们送行。

在此后的数年中，王玉磬与刘素芳长期保持联系，了解她的治疗情况，在得知她康复出院并生活得很好后，她才算放心。

艺术生命在无限延续

当我们提出要将王玉磬的档案接收进市档案馆时，她爽快地说："没有共产党就没有新中国的河北梆子，更没有今天的王玉磬，我的一切都是国家给的，档案也是国家的，如果国家需要就尽管拿去.'当取则取，当舍则舍'是我的做事原则。"

王玉磬与天津市政协委员合影

王玉磬的戏曲人生

正是有了这一原则，王玉磬的脚步走遍了大江南北，踏遍了青山峻岭，无数次参加募捐义演，却分文不取。1998年4月，在中华戏院为希望工程募捐义演，由于观众欢迎，王玉磬一连唱了三大段，走到后台，她感觉不好受，胸口疼，就自己先回家了。到家后还没坐定，她就休克了，丈夫急忙把她送到胸科医院，医院几位专家全力抢救十几个小时，才把她从死亡线上拉了回来。经诊断，她患了心脏快慢综合征，经过手术，医院专家给她安装了心脏起搏器。

告别了纵横驰骋了60多年的舞台，正是她休养身体、享受晚年的时候，但她始终牵挂着自己钟爱一生的梆子事业，让梆子事业后继有人是她迫切的心愿。不能上台演出了，她就把全部精力投入到培养新人上，她说她要在有生之年把自己的王派艺术毫无保留地传授给下一代，让他们把河北梆子事业不断地发扬光大。如今，王玉磬的学生已是遍布全国，她的得意弟子天津河北梆子剧院一级演员陈春，现已成为全国知名演员。

在得知天津艺术学校已有10年没有开办河北梆子学科，眼看着曾经深受广大人民群众喜爱的一个传统剧目就要断档时，王玉磬心急如焚。为此，身为全国政协委员的她，四处奔走，八方呼吁，终于在2001年9月，天津艺术学校河北梆子学科恢复招生了，首期招收60名新学员。王玉磬高兴极了，她亲任学校顾问，一有时间就到学校手把手地教这些孩子。她的理想正在这群孩子的一招一式中变成现实，一看到他们，王玉磬就仿佛又看到了自己当年驰骋舞台时的情景，她的艺术生命在他们身上得到了延续。

2007年1月20日，王玉磬因病在天河医院逝世，享年84岁。

王毓宝与天津时调

一提起天津时调，人们自然就会想到王毓宝，20世纪70年代，她的一曲《军民鱼水情》红遍了大江南北，一时竟出现大街小巷、男女老少传唱"红旗飘飘，歌声阵阵"的盛况。也就是从那时起，人们才知道了天津时调，也认识了王毓宝。

王毓宝

20世纪90年代，天津市档案馆将马三立、骆玉笙、李润杰等名人档案相继接收进馆，在此后一个炎热的夏日，我们又走进了王毓宝的家。当我们还在拘谨地介绍着建立名人档案的重要性时，王老冲我们一摆手爽快地说："天津档案馆征集名人档案的事儿，在报纸上我早就看见了，你们就痛快说都要嘛东西吧！只要你们有用的，我全力提供。"说着她让儿子小凯将她的影集搬了出来，她自己则翻箱倒柜地找出了几件当年的演出服。于是，在王老家极其简洁而朴素的小客厅里，我们一边翻看着这近千幅珍贵照片，一边听她讲述照片上的故事，就在王老对往事的回忆中，我们也同她一起穿越时间隧道，走进了她不平凡的风雨人生。

8岁走票

1926年，王毓宝出生在天津河北大街石桥西胡同的一个手艺人家。父亲王振清，是油漆匠人，自幼酷爱演唱"靠山调"（时调的曲牌），每逢夏日傍晚，吃罢晚饭，他就约上三五个人，在胡同口摆上桌椅，泡上一壶大叶清茶，一面品茶，一面弹弦歌唱，时常引得邻居和过路人驻足围观，唱到精彩处，大家不禁齐声叫好。兴致上来，有时要唱到月过中天、夜凉人静才收场。耳濡目染，王毓宝在五六岁时也迷上了时调，并开始跟父亲学习。因她嗓子好，有冲劲，能唱高腔，而且悟性好，不怯场，所以，在父亲的精心调教下，王毓宝很快就掌握了"靠山调"的技巧，并能唱上三两段。后来，父亲组织的"时调沙龙"渐渐地在津城小有名气，凡地方上有民俗活动或是亲戚朋友有喜庆集会，都要请他们去演唱助兴，名曰"走票"。8岁时，王毓宝就开始跟随父亲到处走票，很受观众欢迎。

王振清虽只是票友，但对时调造诣颇深，在艺人中也很有地位，他先后带过五个徒弟，都以"毓"字排名，有王毓珍、王毓宝、二毓宝、魏毓环和王毓儒。其中王毓珍是王毓宝的二姐，学艺较早，是王振清的开山弟子。她嗓音洪亮、吐字清楚、头脑灵活、记忆力强，跟父亲学了不少唱段，可就是有个怯场的毛病，在台下唱得蛮好，一上台就出汗、腿肚子哆嗦，还常走板、忘词。所以，这一不治之症让她过早地中止了从艺生涯。此后，父亲对王毓宝寄予厚望，并下功夫着力培养。

让时调登上大雅之堂

王毓宝正式登台是在1938年，那年她12岁。由于父亲日渐年

王毓宝演出剧照

迈，家庭生活的重担几乎都压在了她的肩上，她不仅要孝敬父母，还要供弟弟上学。当年，像她这样年纪轻轻就养家糊口的艺人很多，所以，王毓宝也没觉得有什么委屈，反而觉得挺自豪。

30年代，曲艺已从撂地（划块地儿露天演唱）进入书场、茶社，但有些园子还是把时调拒之门外，认为时调低级，不能登大雅之堂。王毓宝当时心里非常不服气，憋着劲要为时调打一个翻身仗。机会终于来了，1948年冬，因南市群英戏院要大修，经理很怕包括王毓宝在内的这帮人流散了，就与小梨园议定将他们暂"借"给小梨园，待群英修好后再回来。但小梨园的管事偏偏不要时调，他说："小梨园从开张那天起上的就都是高雅曲艺，献演的也都是一流艺员，我今儿个要是让"靠山调"这样低级的玩意儿上了场，往后我们还怎

1946年第28期《星期六画报》对王毓宝的图文报道

么邀角儿呢？"因为群英的老板知道时调能卖座儿，生怕这一撒手王毓宝被别的班子挖走，所以就极力推荐让她试试，最后，双方达成协议：试演三天，如果观众认可就接着演，否则三天后走人。

当时只有23岁的王毓宝深知这次机会难得，她在曲目上、唱腔上都做了精心的准备，所以，在连演三天中，场场博得满堂彩，一场比一场叫座，特别是第三天，很多社会名流纷纷慕名而来。也就是在这一天，时调才正式登上大雅之堂，才真正得到了社会的认可。王毓宝红了，各大戏园子都来争她抢她，最忙时，她一天要赶三四家场子。

为时调正名

在时调前冠以"天津"二字，定名为"天津时调"，是新中国成立后1953年时的事情了。该年初，天津广播曲艺团成立，王毓宝成了新中国的曲艺工作者。她和弦师祁凤鸣、姚惜云等共同创作了《摔西瓜》，这一曲目调整了唱腔旋律，变化了前奏过门，改变了演出形式，赋予传统"靠山调"以新的生命，特别是王毓宝那高亢嘹亮、圆润宽广、华美婉转的演唱，和她那清脆俏丽的"疙瘩腔"，给观众留下了深刻印象，在津城一炮打响，这曲《摔西瓜》也成了天津时调的开山之作。因时调带有浓厚的地方色彩，且演员多为天津人，所以从此，时调即得新称"天津时调"。

王毓宝的演唱日臻成熟并自成一派，她具有一副美妙的抒情女高音歌喉，每次演唱，开头一句就先声夺人，拔地而起，响遏行云，继而转折跌宕，沉落低徊，常常落腔未毕立即掌声如雷；全曲终了，更是满堂彩声，经久不息，真有"一曲歌罢，四座皆惊"的强烈感染力。但她并不满足，仍积极致力于改革创新工作，她先是在一向只唱不说不做的传统演唱中加进了动作身段和朗诵，极大限度地表现出曲目的内涵，增加了艺术感染力；后又在一个曲目中根据不同的人物运用了不同的曲牌，如在《拷红》中老夫人用了"老鸳鸯调"，红娘则运用了欢快活泼的"怯五更调"，更加贴切、鲜明地表现出了人物个性；《军民鱼水情》在全国的轰动和《梦回神州》的创新成功，标志着以"新靠山调"为主体的天津时调逐渐趋向定型与完善。

难忘的演出

1958年8月，在全国曲艺会演时，组织上选拔了十几个在全国有较大影响的节目，到北京饭店为来访的西哈努克亲王演出，王毓宝的《翻江倒海》也荣幸地入选了。那是王毓宝终生难忘的时刻，在宴会上，随着音乐过门的响起，王毓宝第一个走上了舞台，她刚一在台上站定，只见坐在前排的周总理就把手中的筷子放下了，神情专注地看着台上的她，随后，席间所有的人也都齐刷刷地放下了手中的筷子，静静地等待着她节目的开始。就是总理的这一个小小的动作，让王毓宝激动不已，并让她牢记一生，动作虽小，却包含着总理对她以及所有文艺工作者的尊重，多少年过去，王毓宝每每谈及此事还仿佛就在昨天。所以，在"文革"后，王毓宝创作并演唱了《心中的赞歌向阳飞》，当唱到"我唱洪湖水，总理拍手随；我唱南泥湾，总理来指挥"一句时，她总是禁不住泪如泉涌。她说："解放前，我曾参加过很多有钱有势人家的堂会，他们根本不把我们这些艺人放在眼里，你在台上唱你的，他在台下该吃吃，该喝喝，喝酒划拳声与官僚们和姨太太、交际花的打情骂俏声交织在一起，整个场面乱乱哄哄，让你根本没有心情把节目演好。而那些大官本来也没几个真正来听玩意儿的，他们要的就是那个排场。"

王毓宝的琴师李元通虽还不到50岁，但却是一头的白发了，一些初次见面的人都喊他"大爷"。1958年，王毓宝在人民大会堂演出，节目还没开始，李元通去厕所，在走廊上正巧碰上来看演出的周总理，总理一见迎面来了一位"老者"，忙上前搀扶，还亲切地对他说："老人家您要去哪里？我扶您去吧！"李元通激动得嘴唇直哆嗦，就是说不出话来，好一会儿，他才说："总理……我岁数不大……才40多岁……就是头发白，我腿脚没事。"在场的人都笑了，李元通擦着眼泪也笑了。回到后台，他跟大家说起此事，演员们都

王毓宝与演员的合影

很激动，王毓宝和几个女演员也都流下了激动的泪水，大家备受鼓舞，那天的演出大家都使出了十二分的劲，演出效果非常好！

收洋徒弟

　　1986年4月27日，王毓宝收了个美国的徒弟。一天南开大学的薛宝琨教授找到了她，很神秘地说："王老师，我求您个事儿，您能不能答应呀？"王毓宝说："您可千万别提'求'字，我可担待不起，有什么事儿您尽管说，只要我能办到的就绝不推辞！"于是，薛教授就说，他有一个叫白卓诗的学生，是个美国人，但对中国的曲艺很感兴趣，特别喜爱听您唱的天津时调，多少次让我引见她拜您为师，跟您学上几段。我被她那股认真劲感动了，所以今天特登门求您破破例，收下这个洋徒弟！王毓宝听后也犯难了，她心想：我收的徒弟倒是不少，可收个说外国话的洋徒弟，自己怎么教？她能不能学呀？后来，他俩商定先见面看看再做决定。第二天，薛教授就领来了一个大鼻子的美国人，大家一交谈，王毓宝惊奇地发现这个外国女孩儿不但会讲一口流利的中国话，而且对中国的曲艺颇有研究，曲艺的曲种、流派说得头头是道。王毓宝当即拍板："您这个洋徒弟我收下了！"白卓诗一听非常高兴，当时就要给王毓宝磕头拜师，被王毓宝拦下了："现在是新社会了，不兴磕头了，不过，拜师总得有个仪式。"

1986年4月27日上午，在古文化街于乐园举行了拜师仪式，天津时调创始人王毓宝正式收美国留学生白卓诗为徒。这在当时的天津曲艺界算是一大新闻了，那天，天津曲艺团、实验曲艺团的团长以及骆玉笙、陆倚琴、张志宽等曲艺界人士100余人参加了拜师仪式。因为拜师的头一天，王毓宝的儿子小凯结婚，所以，王毓宝对这个日子记得非常清楚、非常准确。

白卓诗一星期到王毓宝家来一两次，一时记不住的就用录音机录下来，回去再练。就这样，她跟随王毓宝学习了近一年，完整地学会了《秋景》和《盼情郎》两段。白卓诗博士毕业回国后还经常与王毓宝联系，汇报她的工作、学习与生活的情况。

相亲相爱一家人

刘志凯，1923年9月生于天津。他为人热情，性格豪爽，自幼酷爱曲艺，他对北方各曲种悉心钻研，尤其喜爱天津时调。爱屋及乌，新中国成立初期，经人介绍与王毓宝相识并相恋，那时，他还在天津纺织管理局工作。1954年调到石家庄工作，1956年春，他二人结为伉俪。婚后，刘志凯常年在外，每年只能回来近一个月的时间，这样两地分居的生活一直持续到1980年初，刘志凯与人对调才得以回津，结婚20多年的夫妻才得以团聚。刘志凯对王毓宝在艺术上全力支持，并一起创作了《拷红》《小燕学艺》及《刘少奇来到花明楼》等唱段。他二人妇唱夫随，事业上、生活上配合得很是默契。但天有不测风云，从来没得过病的刘志凯，1984年11月24日早晨8

楮墨留芳——天津近代名人档案

时，准备外出时，在东火车站的天桥上突发心脏病，虽有好心人把他及时送到第一医院，但他的心脏却早已停止了跳动，医院确诊为心肌梗死。得到消息后，王毓宝发疯似的赶往医院，一进急诊室，见人在担架上躺着，她扑上去紧紧地抱住丈夫，一遍又一遍地呼唤着丈夫的名字。王毓宝回忆起当时的情景说："我当时见他躺在那儿，我就上去推他喊他，见他半天没反应我就急了，疯了一样地喊大夫，叫他们赶紧救人呀！大夫说，我们已经尽了全力，实在是来不及了。可我哪相信呀，眼睁睁的，早晨出门时，人还好好的，一转眼的工夫人就没了，我哪受得了呀！一下子，我也昏死过去。"

老伴去世后，王老就一直与小儿子小凯生活在一起，儿子儿媳非常孝顺，小孙子也已上中学，一家四口，相亲相爱，其乐融融。小凯1983年进入天津曲艺团，专攻四胡和大提琴，初时为母亲伴奏，现已成为时调乐队中的骨干。与他同母异父的哥哥王大海，1968年下乡至内蒙古呼伦贝尔盟科右前旗，1972年考入长春曲艺团，与刘威（现已改行影视）搭档说相声，1987年正式拜董湘坤为师，开始学习京东大鼓，现已成为东北著名的京东大鼓表演艺术家，国家一级演员。他虽已在长春成家，但每年都要回天津老家几次，探望亲人，看望家乡父老。

难解时调情结

1997年10月4日晚上，王毓宝突感四肢无力、胸闷憋气，一下子栽倒在客厅的地板上。儿子和儿媳闻声出来，只见母亲"脸色也白了，嘴唇哆嗦着，光张嘴说不出话来，身上的汗把衣裳都湿透了"，他们赶紧叫救护车把母亲送到了一中心医院急诊室，王毓宝被确诊为"大面积心肌梗死"。手里拿着医院的病危通知书，儿子、儿媳联想到父亲就是这么走的，浑身直出冷汗，脑袋嗡嗡直响，一时竟不知如何是好。这时，曲艺团、卫生局的领导已闻讯及时赶到，一方面安排住院，另一方面派人将心内科专家请来，为王毓宝做了溶栓治疗，栓塞及时得到控制和缓解，在安全度过72小时危险期后，所有的人才长舒了一口气。经过近一个月的治疗，王毓宝终于可以康复出院了。但行前，医生再三强调：为了控制情绪，您以后就不能再登台演出了！也就是从这天起，王毓宝挥泪告别了曾陪伴她60余年的舞台。

王毓宝虽然告别了舞台，但她怎能舍弃自己钟爱一生的事业呢？不能登台了，她就把全部精力投入对时调的改革创新和培养新人上。王毓宝在幕后默默地耕耘着、奉献着，如今，她的学生高辉、刘迎、刘勃扬等都已成了天津时调的名角。看到自己的学生一个个走上舞台，得到观众的认可和欢迎，王毓宝欣慰地笑了，她重又找到了自己的位置，看到了自己的价值。

王毓宝忘我地工作着，为时调事业奔波忙碌着，1998年6月终因积劳成疾而心脏病复发，住进了天津胸科医院，这次的病情远比第一次严重，但她仍顽强地挺过来了，专家为她做了心脏支架手术，手术非常成功。所以我们当时看到的王老，不仅气色好，而且心情也好，在采访过程中，不时能听到她痛快酣畅的笑声。看上去，她丝毫不像曾做过两次大手术的病人。两次与死神擦肩而过的王老不无感慨地说："这一是要归功于党和组织的关怀，二是要感谢现代医学的发达和专家的精湛医术，三是我自己的心态好，保持乐观知足的情绪。我想在我的有生之年尽最大力量再多培养几个学生，回报国家，回报社会，让天津时调这朵曲苑奇葩永葆青春，长盛不衰。"

"天津的黄伯惠"叶庸方

他是宁波富商叶星海的独生子，在天津继承父业成为永兴洋行买办，创办长城唱片公司，接办天津回力球场，投资《天津商报》《天津商报画刊》《风月画报》《大报》等；他酷爱京剧，创设天津三大票房之一的永兴国剧社，捧红众多名伶，促成杨小楼、梅兰芳合演《霸王别姬》，梅、尚、程、荀四大名旦共演《四五花洞》，对中国京剧发展颇具贡献；他正气凛然，疾恶爱国，1932年淞沪会战时倡导天津救国基金会捐资40万元，1935年因发文质问政府"毒犯何以作官"而吃官司；他仗义疏财，广交朋友，京津两地报人多是他的座上客，天津文人多受其恩惠，当红名伶来津多到朝歌斋拜会他。他就是素有"民国孟尝""天津的黄伯惠"之誉的"民国富二代"叶庸方。

出身富商　交游广泛

叶庸方（1903—1941），字畏夏，号朝歌斋主，为宁波富商叶星海之独生子，1903年生于天津。其父叶星海1887年来津，与曹汝霖、陆宗舆等合伙创办天津最早的华商对外贸易商行——利济贸易公司，自任董事长；先后充任兴隆洋行、永兴洋行买办。1929年9月叶星海病故后，叶庸方承先人余荫，继续兴办实业。

叶庸方久居北方，操纯正的京津方言，又天资聪颖，多才多艺，性豪爽，喜交游，有古孟尝之风。京津两地文人均为其座上客，如宁波旅沪同乡会理事长李征五、《新天津报》创办人刘髯公、《实报》创办人管翼贤、小说家郝东哲、报人王镂冰、《新天津报》主笔薛月楼，以及著名文人冯武越、王小隐、刘云若、张聊公、何怪石、董笑侠、吴秋尘、吴云心、张雷公、沙大风等。

他善饮酒，斗酒不醉，时常招饮各界朋友，更擅拇战（划拳），与之应战者多甘拜下风。他乃谦谦君子，风度翩翩，谈吐儒雅，待人真诚，唯微伛偻其腰。因《北洋画报》创办人冯武越也有类似情状，故叶常对冯说："我二人在一起可称'对虾'！"

1921年前后，天津文人何怪石在法租界二十一号路上的《庸报》担任撰稿，曾发表一篇评论有关尖团字的文章，其中两字颠倒而出现错误。何发现后正拟更正，不料翌日即有人撰文攻击，致无更正余地，何不得已起而应战。两人笔战数月，何始知笔战健将乃叶庸方。后经友人刘髯公、薛月楼、刘叔度等从中调解，何亦久仰叶之大名，遂化干戈为玉帛。"不打不相识"，二人相见恨晚，视为知己。嗣后，何曾有琐事，须与明星电影公司股东陈诒孙交涉，头绪繁杂，十分棘手。幸赖叶居间斡旋，终归圆满解决。叶当时正与吴季玉发生纠纷，几有自顾不暇之虞，但他居然为友人之事奔走数日，身心肝胆，古道热肠，令人钦佩。

叶庸方为天津卫著名捧角儿家，无论男女伶人，一经赏鉴，无不尽力揄扬。拟稿后遂交京津两地各报代发，但人心之不古，竟有几家报纸借机要挟敲诈，叶遂耗资巨万，愤而投资《天津商报》《天津商报画报》《风月画报》，与著名小说家刘云若创办《大报》，获"天津的黄伯惠"之誉。《天津商报》中的剧评专栏一时在全国剧评界占重要位置。

1931年7月，叶庸方与宁波乡人、辛亥革命元老李征五合作，集资30万元，创办长城唱片公司，叶任董事长，总公司设于北平，上海办事处初位于华格桌路张啸林宅，后迁至棋盘街36号六楼，聘请王心贯为经济股主任，秦联奎为法律股主任。该公司的出品唱片与其他公司有所不同，皆为软片，故高薪聘请德国工程师监制。此后，因业务关系，叶常往来于京津沪之间，每至上海必寓跑马厅一品香7号，宴饮上海各界名流，酬酢纷忙。1932年10月，因《天津商报》事务极繁，无暇兼顾唱片公司而辞职。

1933年4月，李征五在上海病逝。叶庸方闻听噩耗，大为悲痛，转托梅花馆主郑子褒致电李征五二子祖望、祖超昆仲吊唁，情词恳挚："褒兄转祖望、祖超二兄礼鉴：五叔老成硕望，功在国家，义声仁闻，海内同钦。噩耗传来，忝辱门墙，痛悼殊深，谨此电唁。务乞两兄节哀顺变，用襄大事为祷。弟庸方叩。真。"叶与征老系世交，且兼有师生之谊，电文中遂有"忝辱门墙"之句，但因拜门后未曾改口，故又有"五叔老成硕望"之语。

酷爱京剧 创办票房

叶庸方酷爱皮黄，名伶陈德霖、杨小楼、余叔岩和梅、尚、程、荀四大名旦，以及天津票界三杰刘叔度、王庾生、朱作舟等，皆与友好。当年京剧名角每次来津，不论商演、义演还是堂会，必是先到朝歌斋拜会。叶更是热情接待，家中备有客房数间，专配中西名厨掌勺，美酒佳果盛宴招待。同乡周信芳到津更是亲切，必聚两三日始离去。

叶庸方也常粉墨登场过戏瘾。他专攻生行，常与研究谭派唱腔的名家陈十二爷（陈彦衡）盘桓，故对谭腔颇有心得。友人雅集之时，兴致所至，他便引吭一曲，调门虽不高，却韵味十足，饶有谭派风范。1930年梅兰芳赴美、1932年程砚秋赴法，叶庸方皆设宴为之祖饯，延请平津闻人名士，食燕菜席，堪称豪举，而为程赴法之

《北洋画报》中的叶庸方与梅兰芳

行拍摄的纪录片流传至今。1930年10月，梅兰芳与孟小冬的关系几近破裂之时，叶精心安排、多次劝解，使他二人暂时达成和解。1931年，叶苦心孤诣地特在西湖别墅设宴款待孟小冬，天津新闻界全体皆在受邀之列。但他的努力没能挽回这段在时人眼中的"美好姻缘"。

1931年，叶庸方出资将永兴洋行的国剧票房扩大，在法租界嘉乐里租妥独门独院三楼三底楼房一所，每星期六晚彩排，取名永兴国剧社，与开滦国剧社、群贤留韵社（老竹记票房）成鼎足之势，并称天津三大票房。叶特约北平名老生孟小茹、武二花韩富信、丑角王华甫等任教。该社昆曲、皮黄剧目甚多，每次义演总以武戏做大轴，为了练私功，叶亲自到北京请来老伶工靠把老生张荣奎，常年供养在家，为他说戏、拉身段、打把子，先后学会了《南阳关》《武昭关》《战太平》《下河东》等唱、做繁重的几出靠把老生戏。同年10月，明星电影公司筹拍电影《胭脂井》，讲述了一段清宫珍妃的悲凄故事。当时珍妃一角拟定胡蝶饰演，光绪帝一角一时没有找到合适人选。有人推荐长城唱片公司总经理、天津票友叶庸方，因其相貌酷似光绪，且具有雍容华贵的气度和一口流利干脆的京白。叶庸方听说后，异常兴奋，跃跃欲试，曾对人说："没想到，我也品尝一下做皇帝的滋味！"但不知何故，他的皇帝梦终未成真。

叶庸方与李征五创办长城唱片公司后，促成杨小楼、梅兰芳同演《霸王别姬》，梅、尚、程、荀四大名旦共演《四五花洞》，杨小楼、郝寿臣合作《连环套》。1933年5月《四五花洞》在上海公演时，叶赴沪为贺，亲自上台报幕，向观众介绍该片拍摄过程。长城唱片公司灌制的多张唱片，为后人留下一批稀世珍品，也成就了中国戏曲史上一段佳话，更对中国戏剧事业的发展做出了突出贡献。

正气凛然　　疾恶爱国

叶庸方外表温文尔雅，内心疾恶如仇，一身凛然正气。1932年"一·二八"淞沪抗战爆发后，他对日军的侵略行径怒不可遏，以天津救国基金会成员身份，在《天津商报》上公开致函中国银行天津分行经理卞白眉、天津总商会常委王文典，请求将该会40万元捐助在沪与日作战的十九路军，信函称："盖当此国难万分危急之际，一切建设计划自应稍缓，而当急其所应急。如必欲将此40万元留待将来建筑工厂，不独有河清难俟（时间太长，难以等待）之叹。且对于上海忠勇军队坐视成败，漠不关心，亦决非天津民众应有之态度。此项基金既名救国，则以捐助十九路军，正可谓名副其实，更待何日？"卞白眉、王文典也是热心救国的代表，得到会员一致赞许后，该会遂将40万元善款汇至上海。

1935年7月，程克（字仲渔）出任天津市市长，任命吴家元（字季玉）为财政局第一稽征所所长。消息传出后，《天津商报》首先发表题为《毒犯居然作官》一文，并配发吴季玉的照片，文章称："某市近发表吴为财政要职。查吴绰号小吴三，曾以善趋奉得在张效坤（张宗昌，字效坤）部下为官，后又夤缘得充天津商品检验局长，又曾于1933年在北平制造毒品，案发逃匿，当时详情，已登本报。不料，此种违法殃民之毒犯，竟充要职，社会无不称怪。"

吴季玉究竟何许人也？据1935年12月29日《社会日报》中受公的《"毒"与"报"：毒犯吴季玉与天津商报之争》一文介绍称，吴是苏州人，家中排行第三，素有"吴三爷"之称。自幼精通赌博一门，学会了种种老千手段。因嫌苏州局面小而无法施展，遂于青年时代即闯荡上海码头。他长得雪白粉嫩，手段灵活，赌的本领高人一筹，生活问题自然很易解决。1918年，他再来天津，在赌场结识了潘七爷（潘子欣），相交甚好，吴遂长期居于潘开办的国民饭店。潘乃风云人物，鼎鼎大名，黑白两道通吃。经潘之介，吴结识了财政部次长潘复，再经潘而攀附上张宗昌。自此，吴便官运亨通，步步高升。吴在嫖、赌两界赫赫有名，平津两地的姑娘无人不识吴三爷。张宗昌当上山东督办后，吴便陪着张四处吃喝嫖赌，深得张之赏识，竟成了山东督署的大红人。1925年，吴做了青岛盐运副使。张作霖进关称大元帅后，潘复成为国务总理，吴先后充任北京市政督办、崇文门会办等职，皆为炙手可热的美缺。1928年8月张宗昌失败后，吴便姘上了张的小老婆亚仙，亚仙在拱手奉上十几万私房钱后惨遭抛弃。吴胆大包天地用这笔钱在北平做起了制毒、贩毒生意。但事不机密，毒案终被警方破获，诸多报纸均报道此案，当时在逃的主犯就是吴季玉。

1935年第6卷第5期《风月画报》中吴季玉下堂之妾爱之花

吴季玉见《天津商报》揭了自己的老底，一方面不安于位，到差三日之稽征所所长，遂不得不辞职；另一方面延律师尹凤藻，以诋毁名誉之名具函质问该报，并登报启事，声明"本人与从前北平制毒案无关"。

时任《天津商报》董事长的叶庸方接函后，并未做出正面答复，仅登载启事称："本报所登吴之制毒事实具在，人所共知，愿与吴诉诸法律，乐予周旋。"此后，吴再刊登启事，指名道姓，矛头直指《天津商报》老闫叶庸方。再刊告白，声讨"叶对本人诬蔑"，并警告叶称"好汉做事应该挺身而承，本人已诉诸法律，自可水落石出"。吴表面上制造声势，实质上异常心虚，深知自己是"粪坑越淘越臭"，遂私下找人从中调解，前财长张英华、律师赵泉等多次找到叶寻求和解，但叶态度坚决，毫无退缩。

同年8月20日，《益世报》分别采访了当事双方，叶称："此事无端牵连鄙人，殊出所料，现惟有静候法律解决。至吴之对予骂街式警告，不愿置答。"吴则称："已准备起诉，是非即可大白。"《天津商报》总编辑唐某称："固为各报争相揭载，因人所共知，事实俱在。本报本新闻原则，消息务求详尽，故刊载甚详。吴谓当时曾更正，毫无其事。本报现拟将当时所刊新闻及声明、制版刊印，分投全国，使国人得知真相。惟此次事件因关系本报信誉及同人人格，故未接受调解，法律解决实为本报所乐从。如彼方起诉，本报亦当提起反诉。"

据同年10月19日《金钢钻》中《吴季玉案与津报界》一文称，天津全体报界忽遭不白之冤，原来天津方面盛传吴出钱贿买各报的丑闻。为此，天津报馆业同业公会特刊登启事略称："近来，外间对于本会会员报纸，竟有奸徒造作谣诼，谓受吴季玉之贿，惟本会诸事均由执委会通过，各项办法，斑斑可考，非奸人所能破坏。"由此可知，赌徒出身的吴曾试图收买舆论，但未获成功。

恼羞成怒的吴遂具状将叶庸方和《天津商报》诉至天津地方法院。该院检察处随即开始侦查，定于9月30日开庭侦讯，并于10月4日下午3时，请名伶杜丽云、金寿良等到庭讯问。《晶报》称，该案为"打笔墨官司打出来的结果，以致牵涉到许多人，名伶到场，自然有好戏文看咧"。

此后该案曾消沉一段时间，同年12月29日的《社会日报》刊发消息称，该案缠讼半载，直到日前，方由天津名士张月笙、王学曾、朱西仑、杨云史等出面调停解决，吴便向法院撤销讼案，而《天津商报》亦承认传闻失实，表示歉意。双方分别在津沪各报刊登释嫌启事。

屡遭重挫　抑郁而终

马艳云本为二路坤伶，来津演出时，深得叶庸方赏识。初时，逢马演出，叶必捧场。嗣后，叶为马延师说戏。数月后，马进步甚锐，不啻脱胎换骨，一跃而为名旦。二人日久生情，马曾一度赴大连演出，与叶信使往还无虚日。1930年初，叶遂纳马为侧室。一对璧人，堪称美满。自此，叶脱胎换骨，致力事业和专心家事，公事之外，少有外出。

1925年第25期《上海画报》中的马艳云

1930年12月，叶庸方到上海商议创办长城唱片公司事宜，回津后不久得了一场大病，卧床数月。期间，杨小楼来沪过津时，曾至叶宅访谒，但叶竟未能出见，其病势之重可想而知。1931年春，叶大病初愈，但身体已大不如前。更令他悲恸的是，唯一的儿子也在同年因病夭折，衷怀抑郁，莫可言喻。幸于1935年8月，马艳云为其再生一子，兴奋之余，叶致友人书中称："叶门有后，谢天谢地！"

1935年7月，叶庸方与吴季玉先是笔战，后致法院涉讼，最后迫于恶势力压迫，也为了保全家庭和《天津商报》，叶不得不委曲求全，违心地登报致歉。这一事件给他的打击甚重，一向以坚持正义、行侠仗义著称的叶，在江湖上栽了跟头，自此一蹶不振。"七七事变"后，他办的各报相继停刊，回力球场也因经营不善而接连亏累。在经济上和思想上遭受双重打击的叶消沉已极，终日以酗酒和抽大烟来麻痹自己。1939年11月27日《晶报》中妙人的《叶庸方三跌记》一文记录了"醉隐君"叶庸方的痛苦际遇。

1927年第4期《南金》中的马艳云

1938年春的一天晚上，叶外出回家，偶一不慎，由楼梯跌下，伤及左腿，病势颇重，旋延医治疗，历三月之久始告痊愈。岂料，伤愈未久，遂重蹈覆辙，二度从扶梯跌落，伤及右腿。因左腿告愈未久，再伤右腿，病势益见严重。幸延骨科专家及时治疗，家人悉心照顾，不久便能蹒跚步行。人说"事不过三"，但同样的事情竟在叶的身上接连发生三次。同年冬天，他第三次坠跌。此次最为严重，不仅四肢骨折，而且伤及腰部，虽幸免一死，但已成残疾而卧床不起。该文最后不禁感慨道："叶君为人之任侠好义，竟祸不单行，遭遇如是，可谓天不容人，闻者无不为惜之。"

自此，报端再未见叶庸方的任何消息。直至1941年8月16日第3卷第2期《游艺画刊》中刊登了何怪石《悼名票朝歌斋主》一文，世人始知，当时闻名全国的叶庸方已于同年8月1日在家中悄然病逝，时年38岁。

天津的"南丁格尔"

　　历时一年多，天津市档案馆终于将陈路得、关小瑛、王桂英和梅玉文等四位国际护理界最高荣誉奖——南丁格尔奖章获得者的近千件个人档案全部征集进馆。虽然她们中有的已退居二线，有的身患重病，甚至有的已经去世，但在与她们及她们的家属、同事的多次接触中，她们将毕生精力奉献给钟爱一生的护理事业的精神，她们为患者减轻痛苦、恢复健康而忘我工作的事迹，深深地感动着我们、震撼着我们。

陈路得（中）、王桂英（左）、关小瑛（右）在一起

楮墨留芳——天津近代名人档案

一次命运的捉弄　一生无悔的追求

　　1957年11月24日，来天津视察的周恩来总理亲切地握住陈路得的手说："护理工作很重要，你们为人民做了一件好事，要继续努力！"1987年6月13日，她穿着白色的礼服，庄严地戴上一枚小小的徽章——南丁格尔奖章。这两个日子是陈路得终生难忘的时刻。

　　陈路得，1914年2月出生于湖北汉阳的一个贫苦家庭，不满周岁时，父亲即因病去世。生活所迫，改嫁他乡的母亲只得忍痛将她和哥哥送人。收养陈路得的陈母是圣西理达女子中学的教师，有着不幸经历的陈母不但拥有一颗慈善的爱心，还在经济条件并不宽裕的情况下供她上学，并以《圣经》里的人物"路得"为她取名。靠着先天的聪颖和后天的努力，1931年，陈路得以优异的成绩考入了北平燕京大学生物系。但

青年时代的陈路得

命途多舛，三年级时，养母因失业而无力继续供给她高昂的学费，陈路得不得不转入北平协和医学院护士学校，改学免缴学费、食宿费的护理专业。也正是无形的命运之手这次不经意间的捉弄，造就了一个中国的南丁格尔。1937年毕业后，陈路得立即受聘于协和医院。从此，护士成了她的终身职业，也成为她一生努力奋斗的目标。

　　工作后，她陆续担任临床护士、护士长、护士督导，兼任护校教师等工作。1942年太平洋战争爆发后，协和医院被迫关闭。陈路得便来到天津私立恩光医院任总护士长，她将协和的管理体系引进了恩光，建立健全了各项管理制度，并且培训了一大批出色的护理人员。1946年，陈路得随中国护士代表团到美国考察了纽约、华盛

顿、洛杉矶等地的数家医院。伫立在南丁格尔的肖像前，凝视着她高贵而沉静的面庞，聆听着她感人而传奇的故事，陈路得内心感到前所未有的震撼，此时，她仿佛看到自己的未来，明确了今后奋斗的目标。1947年3月归国后，陈路得调到天津中央医院附设护士学校任校长。该院后更名为天津医科大学总医院，她先后担任护理部副主任、主任兼副院长。

天津解放后，卫生事业蓬勃发展，1951年中华护理学会天津分会正式成立，陈路得被推举为第一任理事长，直至1987年，陈路得自己多次提出，组织上才同意了她的辞职申请。

她将严格管理融入言传身教中，将先进的科学理念注入制度改革中，其杰出的事迹不仅赢得广大患者的好评与爱戴，更借由她培养出的众多护理弟子，传承薪火。凭借着她在护理管理、科研和教育事业中的突出贡献，1987年6月，国际红十字会授予了她国际护理界最高荣誉奖——南丁格尔奖章，成为天津获此殊荣的第一人。她将这笔奖金转赠了天津红十字会，作为残疾人和儿童福利基金会的专项基金。她盼望着能使南丁格尔精神永放光芒，也使奖章永远闪光。

2000年8月6日，天津护理事业的创始人、将自己的毕生奉献给护理事业而终生未能建立

楮墨留芳
——天津近代名人档案

陈路得

家庭的86岁的陈路得老人安详地走了，告别了她眷恋一生的护理事业和深爱着的医院、同事。她留下的遗嘱感人至深：丧事从简，不开追悼会，不送花圈；遗体捐献给天津医科大学解剖研究，用什么器官取什么器官；全部财产及南丁格尔金质奖章捐给医大总医院。

她用一双温暖的手、一颗仁爱的心，高高擎起南丁格尔的明灯。

我做了应该做的

关小瑛一生中有太多的"不称职"：为人女而不能尽孝道，老母去世时她不在身边；为人妻而不够贤惠，丈夫患重病时她没有亲身照顾；为人母而不能与孩子朝夕相处，两个女儿小时经常认不出她。然而，她又有太多的不平凡：在患者心中，她是"好人""救命恩人"；在内蒙古大草原，她是"远方飞来的雄鹰"；1997年9月2日，在人民大会堂，她获得了南丁格尔奖章。

南丁格尔这个响亮的名字，是她在上海仁济护校就读时听教师讲起的。这位"提灯护士"的故事给她留下了深刻印象，50年来她义无反顾，从护士、护士长、护理部主任到天津市护理学会理事长、天津第一中心医院顾问，一步一个脚印地苦干、实干，像一支红烛，在自己挚爱着的工作岗位上发光、发热。

关小瑛，1928年1月出生于上海，1950年毕业于上海仁济高级护士学校，1952年分配到天津市纺织管理局第一医院（今天的第一中心医院），一干就是50多年。翻看着她捐赠给我们的她当年毕业时的照片，再对照着看看眼前的她，无情的岁月已把一个纯真少女变成了古稀老人。那一道道皱纹、一根根白发，真切地记录着一个个动人故事。

1957年，天津站南货场发生了一起百余人化学中毒事件，重病人的症状是呼吸衰竭，随时都有生命危险。抢救过程中需要采用铁肺辅助呼吸，但当时天津各医院都还没有用过这种器械。第一中心

关小瑛

医院也是刚刚购进了铁肺，还没有掌握它的性能，大家都不敢使用。为了抢救病人，关小瑛挺身而出，让医生先在她身上做试验，经试用确认铁肺性能良好后，再用于患者。就这样，医院用铁肺治愈了所有的危重病人，无一死亡。

一年夏天，有一个因青霉素过敏导致严重剥脱性皮炎的农民住进了医院，病人全身溃烂，不能自己进食。关小瑛每天用棉球轻轻为患者擦拭全身的渗液和血水，再小心翼翼地涂上药膏，并用滴管一滴一滴地给病人喂水。每次做完护理，她已汗流浃背，累得直不起腰。经过两个月的治疗和精心护理，病人终于康复了！出院时他紧紧握着关小瑛的手眼含热泪地说："您就是我的救命恩人！"

1967年，关小瑛响应国家号召，丢下病重的老母，参加支边医疗队远赴内蒙古，哪知这一去竟成了她们母女的诀别。当"老母故去"的噩耗传来时，她强忍住内心巨大的悲痛，为烧伤的幼童献血，不顾从车上摔下的伤痛，忘我地救护牧民……她出色的工作赢得了牧民的称赞和爱戴,称她是远方飞到大草原上的一只雄鹰。

爱人一直在北京教书,每周末才回来一天,而关小瑛却经常因工作不能在家陪他。后来爱人调回来了,但没过三年却得了癌症。同事劝她放放工作,多照顾照顾爱人。她却怎么也放不下那些急需护理的重病人,就连爱人病情最重的时候也没请过一天假。丈夫临终前她匆匆赶到时,丈夫只说了句"你要好好工作,照顾好孩子",就撒手去了。说到这里,关小瑛潸然泪下。我们问她,您欠亲人这么多就不后悔吗?她却说:"作为一个护理工作者,个人的事再大也是小事,病人的事再小也是大事,这是护理职业对我们的要求。"

如今,身为天津市人大常委、农工民主党天津市委员会顾问、卫生部医院评审委员会委员的关小瑛,从更高更广的视野关注着护理事业的发展,提出了很多很好的意见和建议。她还支持创办了《天津护理》杂志,举办学术交流活动,常年利用业余时间为各种护理杂志审稿,为护理事业发展和青年护士成长垫石铺路。

她平凡而脚踏实地的工作,为世人解读了半个世纪的护理情缘。

用一辈子做一件好事

"别人一生可能要做很多件好事,但我却是用一辈子去做一件好事。"这句话王桂英经常挂在嘴边。

王桂英,1920年2月出生于山东省德州市的一个知识分子家庭,在从事护理工作60余年的日子里,历任护士、主任护师、医院护理部主任、分管护理副院长、天津市护理学会理事长等职。她以毕生的心血、非凡的勇气、献身的精神,致力于对战争、灾害的受害者以及数不胜数的病患的护理工作。

1938年山西汾阳护校毕业后,经校长推荐,王桂英到北京协和医院当了一名护士。温柔的手指,轻盈的脚步,敬业的精神,让她很快就胜任了工作并得到患者的赞誉。同时,这所杰出的医院也使王桂英受到了严格的专业训练，为她今后的工作打下了坚实的基础。抗战胜利后，她来到了天津传染病医院，正赶上那年南郊区暴发霍乱，一批批濒临死亡的患者被送进医院，在当时设备奇缺、条件极差的情况下，这个纤弱的女子穿上隔离衣，带着几个业务并不很熟练的新护士冲在最前面，她们连续奋战七天七夜，直到彻底战胜这场瘟疫。

　　天津解放后，她和同事们一针一线缝被褥、做棉球，筹建了天津工人医院。一年后，该院改为抗美援朝后方医院，专门抢救和治疗从前线下来的志愿军战士。当时有200多名伤员将同时被送进医院，任何延误都可能使他们失去急救的最好时机而加重病情，甚至危及生命。危急中，王桂英创造了"布条紧急辨认法"。时任护理部主任的王桂英，手拿三色布条站在医院门口逐一为伤员检查伤情，并区分伤员伤势的轻重。别红布条的代表重伤，立即送手术室；别白布条的代表骨骼伤；别黄布条的代表腹部伤，都被送入相应的病房。由于抢救及时，工作有条不紊，200余名伤员无一延误治疗。

　　1980年，在她和一些专家的努力下，天津市率先实施了护理专业成人大专教育、护理专业高等教育自学考试和临床护士学分制的继续教育。1983年又在天津医科大学开设了全国首家"护理系"专业。

　　王桂英把毕生的精力都献给了崇高的护理事业，终身未婚。1974年她收养了一个父母双亡的孤儿，还赡养了一位孤苦零丁的老人，她用爱心组成了一个特殊的"三姓之家"，在医务界传为佳话。

　　1994年，这位古稀老人又协助鹤童老年公寓筹建老人护理院并亲自担任院长，为该院制定护理标准、制度，指导培训护理人员。在她的感召下，全市各大医院的护士都定期义务到护理院为老人们服务。她还将自己几年来应得的报酬设为"王桂英护理奖"，奖励那些在护理老人中表现出色的护理人员。1997年7月，王桂英因患脑栓塞病而被迫离开了心爱的岗位。病情稍有好转，她就在家组织同行，又为护理院修订管理制度，协助民政局、社区服务中心等部门开展老人护理工作。1999年6月，王桂英获得了她追求一生的南丁格尔奖章。

当听说我们要征集她的档案时，她激动地说："我这一辈子没留下什么，只要国家认为有用的，我一定无偿捐赠！"老人用颤抖的手写个人简历和照片文字说明时的情景，至今仍在我们眼前。

无怨无悔

如果说1961年救治13岁女孩的那次经历，让梅玉文开始意识到护理工作的神圣，并下决心为之奋斗终生的话，那么2003年8月5日胡锦涛总书记亲自为她颁发南丁格尔奖章或许是对她一生做的一个圆满的总结。

采访中，梅玉文轻盈的脚步、优雅的仪表和谦和的言谈，让我们依稀看到当年穿行于病床之间的那个人人喜爱的白衣小天使。

梅玉文是地道的天津人，1939年出生于一个职员家庭，1955年由公立天津第六中学保送到天津护士学校学习，1959年留院工作，1983年毕业于天津市卫生职工医学院护理系，历任天津第三中心医院护士长、科护士长、护理部主任、护理副院长等职务，现为天津护理学会名誉理事长、第三中心医院护理顾问。

1961年的一天，呼啸着的救护车送来了一个被电车撞伤的13岁女孩，尽管医院做了及时准确的治疗，但还是没能保住她的左腿。看到女孩被截肢，当时刚满22岁的梅玉文流下同情的眼泪，她生怕女孩醒来时，一下子不能接受眼前的这个现实，就与其他几个护士一起动手用石膏给她做了一个造型逼真的假肢。为了让她有充分的心理准备，梅玉文从家里拿来了许多书，当女孩醒来后，她就给她讲保尔·柯察金和吴运铎的故事。三天后梅玉文问她："如果你的一条腿也落下了残疾，你能像他们一样勇敢地面对吗？"女孩先是愣了一下，然后用力地点了点头。这时，梅玉文撩开了被子，尽管女孩已有了预感，但见到眼前的一幕，她还是哇的一声哭了……在此后的日子里，梅玉文天天下班后陪她聊天，鼓励她自强自立。在医院和家长的共同努力下，女孩渐渐地接受了这个痛苦的现实，出院时，她俩已成了好姐妹。帮助女孩从生命最困难的时刻走出来，完成人生一次痛苦的转折，梅玉文第一次感到护理职业的神圣！自此，开始了她长达45年的护理生涯。

"身为一名护士，就应该像南丁格尔一样，给社会以仁爱，给人类以关怀，以自己的心血与汗水使患者减轻痛苦、恢复健康，奉献自己的毕生。"这是梅玉文对护理事业的深刻理解。

1973年，天津市自行车厂电镀车间发生火灾，烧伤面积达95%的5名工人被送进医院。梅玉文立即组织成立了一个专门烧伤病房，指挥抢救工作。她带领抢救小组，自制翻身时保护创面用的特大纱布垫，定时为伤员翻身，清理创面。正是由于她们在各个环节上一丝不苟的精心护理，才使伤员们度过了休克关、感染关，保住了生命。回家那天到幼儿园去接孩子，一个多月没有见到母亲的儿子扑到妈妈怀里委屈地哭了，梅玉文也哭了。

1990年，梅玉文率先在天津进行了"预防院内感染"的管理工作。在充分调查研究的前提下，她提出改革供应室布局、重点科室消毒隔离等新的管理理念并付诸实践，提高了控制水平，大大降低了院内感染率。1998年，她积极协助推动医院"病人选择医生"的改革措施，制订了一系列护理改革方案，以激励护士的竞争意识，充分调动每个人的潜能。

如今，她已退居二线，没有任何家庭负担的她，本可颐养天年，过几年享乐的日子。然而，她却一天都没有休息，仍在关心、参与、领导、带动和发展着本市的护理工作，尽自己的所知所能，为心系一生的护理事业忙碌着。

回忆起几十年的护理生涯，梅玉文感慨地说："当我看到病人在自己的精心照顾下日渐康复，当我看到一个个生命在自己的爱心呼唤中苏醒，当我看到病人和家属用尊重和感激的目光注视着我的时候，我觉得这一生值了！"

南丁格尔有句名言："护士其实就是没有翅膀的天使，是真善美的化身。"天津的"南丁格尔"就是这样用一颗博爱的心和一双能干的手实现着自己的誓言：为患者解除痛苦，奉献自己的一切。

后　记

　　天津市档案馆早在20世纪90年代就开始了名人档案的征集工作，为了配合和宣传征集名人档案工作，我与征接部仇如祥老师合作了几年，他负责征集档案，我负责采访被征集人。事实证明，这样的配合很成功，最初多数名人都不愿意将自己的档案交给档案馆，见了我们不积极、不热情，甚至想见到他们还要托朋友、找关系。但随着《骆玉笙接受的最后一次采访》《王毓宝与天津时调》《坠子皇后乔清秀》《郭荣起的相声情结》等文章在《今晚报》《中国档案》《曲艺》《天津老年报》等报刊上相继发表后，一些名人主动打电话与我们联系捐赠档案。

　　但现在回想起来，在整个征集过程中也还有一些无法弥补的遗憾。

　　记得那次采访骆玉笙先生时，我是做了充分准备的，拟写了采访提纲，自备了相机，因为骆老正在住院，所以，我还平生第一次买了一束鲜花，也带上了单位的一支录音笔。就是这支录音笔关键时刻掉了链子！一进病房，我们就将它打开了，但采访结束回到单位后，却发现里面没有任何声音！

　　撰写《相声泰斗马三立的从艺生涯》时，马老正在住院，没能采访到他，文章完全依靠之前征集来的档案和一些相关资料完成。

等刊登这篇文章的《中国档案》出版后，马老刚好出院。于是，我和仉老师一起到老年公寓探望马老，一是为他颁发档案捐赠证书和纪念品；二是为他送《中国档案》杂志。我用相机记录了马老接受证书和纪念品的镜头。我将《中国档案》交给马老，马老接过杂志坐在一盆君子兰旁认真地读着，他那聚精会神的样子很像是一个认真读书学习的学生，他的神情着实让我感动，温暖和煦的阳光洒落在马老的身上，洒落在他放在腿上的《中国档案》上，这是一幅多么美好的图画呀！我飞快地按动快门，一连拍了多张，用相机定格下这一难忘的时刻。那时的相机还不是数码的，要用胶卷，一个胶卷能拍36张，我来之前计算好了拍照张数，相机里剩余的胶卷应该足够了。但正是这个感动，让我没有控制好拍照的张数，最后我想与马老合影时，随着仉老师按下快门，相机自动倒卷了，胶卷没了！这次我没能与马老合影。但谁又知道我错过了这次，就是永远地错过了。不久，我们最尊敬的马老就与世长辞了！

两次采访京东大鼓名家董湘昆后，却因为当时正忙着一个编研项目，一时没能成稿，更因为后来记录采访内容的笔记本找不到了，最终也没能完成采访稿，可以说这是我最大的遗憾。但有一个细节我至今难忘。第一次采访他时是在春节前夕，按照以往对名人的印象，他们通常都住在市中心，而且居住条件都很好。但我和仉老师一起骑车前往时，却发现是在往市区外走。董老住的是老百姓最普通、最简陋、最局促的住房。迎接我们的是手里拿着长把笤帚、头上包着条破手巾的老妇人，自我介绍是董老的老伴，她引领我们来到阳台，只见董老正披着一个帆布雨衣坐在一只小板凳上整理着一些杂物。我问他们正在做什么，"这不是过年了吗，我正扫房呢！"老伴指着一个很破的竹制的摇篮车说，"这是我上午上街捡回来的旧报纸、破瓶子，扫房他也帮不上忙，我就让他在这儿给分分类，一会儿收破烂的来了好卖啊！阳台上凉，我怕他冻着，就让他披上个雨衣。"这一幕着实让我震惊了，同样是人民的艺术家，差距咋就这么大呢？他老伴告诉我们，董老一直没有进市曲艺团，只是一个从工厂退休的工人，退休工资少得可怜。说着不禁叹息道："我这辈子跟了他，什么福也没享过，净吃苦了！"

就这样，我们陆续采访了十几位名人。

感谢仇如祥老师与我多年的默契配合。如今，被采访的名人大多已经不在人世了，有人开玩笑说，你们采访一个去世一个！我却要说，这正说明我们工作的重要性与紧迫性，我们当年确实抢救性地征集了一些名人的档案、资料和图片，留下了一些口述、声像资料。我想，现在已经退休的仇老师肯定为我们当年所做的事情感到骄傲与自豪吧！

感谢天津市档案局（馆）领导长期以来为我们营造的一个干事创业、积极向上的工作环境。感谢荣华局长多年来对档案编研工作的大力支持和对我个人的厚爱，您在百忙之中多次为我的书作序，这次也不例外。感谢中国文史出版社责任编辑对这本书的辛勤付出。

由于作者学识所限，难免会有谬误之处，真诚地希望聆听识者之言，不断改进，不断提高。

周利成

2022 年 11 月